DR. OETKER

ISS DOCH WENIGSTENS DAS FLEISCH!

100 Jahre Schulkochbuch – 100 Jahre Ernährungskultur

Klaus Schäfer

DR. OETKER
ISS DOCH WENIGSTENS
DAS FLEISCH!

100 Jahre Schulkochbuch – 100 Jahre Ernährungskultur

Dr. Oetker Verlag

1911–2011

Inhalt

1911—2011

Vorwort

„Bist Du aber groß geworden!"

Den Satz hat jeder von uns schon einmal gehört – vorzugsweise von entfernteren Tanten und Onkeln auf Familienfesten. Meist hatten sie recht. Richtig groß geworden ist auch das Dr. Oetker Schulkochbuch, das seit 100 Jahren ein treuer Begleiter von Millionen deutscher Hausfrauen und inzwischen auch Hausmännern ist. Und das wie in einer guten Ehe – in guten und in schlechten Zeiten.

Wie fing eigentlich alles an? 1911 wird erstmals Dr. Oetkers Schulkochbuch gedruckt – eine neue Ära hat begonnen. Es erfüllt die Bedürfnisse vieler Hausfrauen, die nicht mehr täglich ihren Müttern über die Schulter schauen können, um kochen zu lernen – die Industrialisierung hat das Leben vieler Familien grundlegend verändert. Und die Welt ist im Aufbruch: In diesem Jahr erreicht Roald Amundsen den Südpol, wird das erste Filmstudio in Hollywood eröffnet und der argentinische Tango kommt nach Berlin.

Und was ist geblieben? Der Südpol schmilzt durch die Erderwärmung, die Zukunft gehört Bollywood in Indien statt Hollywood in den USA und neue globale Modetänze fehlen. Aber das Dr. Oetker Schulkochbuch lebt. Seit einem Jahrhundert ist es Gestalter und Bewahrer des kulinarischen Zeitgeistes. Nur die Bibel wurde öfter gedruckt. Aber wurde sie auch öfter gelesen?

Nur wenige Mythen überleben 100 Jahre. Das Dr. Oetker Schulkochbuch startet als Haushaltsfibel und entwickelt sich zur „Bibel des Kochens". Von der Mangelwirtschaft bis zur Überflussgesellschaft, von der regionalen bis zur internationalen Küche liefert es Ideen, Tipps und Tricks. Hier wird die Marke Dr. Oetker lebendig und erlebbar.

Kommen Sie mit uns auf eine Zeitreise durch zehn Jahrzehnte Geschichte, Kultur und Ernährung. Begleiten Sie uns von Kolonialwaren, Küchenwundern und Kriegsrezepten über die Wirtschaftswunderküche mit Toast Hawaii und Fischstäbchen bis ins neue Jahrtausend, das klassische Rezepte und moderne Ernährung miteinander verbindet.

Deutschland hat sich enorm verändert in einem Jahrhundert; manche Traditionen sind aber erhalten geblieben. Dazu gehört die Vorliebe für Fleischgerichte, die für viele Menschen nicht nur Ausdruck von materiellem Wohlstand, sondern auch eine Verbindung von Genuss und guter Ernährung darstellen. Nicht von ungefähr ist vielen von uns aus der Kindheit – vor einem halb vollen Teller sitzend – noch der mahnende Satz im Ohr: **„Iss doch wenigstens das Fleisch!"**

„Der Name Schulkochbuch spricht für sich: eine Schule, in der jeder das Kochen erlernen kann. Seit der Einführung des Standardwerks 1911 haben Generationen damit gearbeitet, es weitergegeben und es zu einem der erfolgreichsten Kochbücher Deutschlands gemacht."

1910er

Kolonialwaren, Krieg und Kochkiste

Nichts bleibt mehr, wie es war

Viele Namen – eine Epoche

Alle kennen die Goldenen Zwanziger. Aber keiner spricht von den Zehnerjahren. Die zweite Dekade des neuen Jahrhunderts hat keinen prägnanten Namen, sie ist vielmehr das Ende einer längeren Epoche. Die knapp dreißig Jahre von 1890 bis zum Ende des Ersten Weltkrieges sind geprägt von Kaiserreich, Kolonien und Kultur – je nachdem spricht man deshalb auch von der Wilhelminischen Zeit, dem Zeitalter des Imperialismus oder der Belle Époque, der „schönen Epoche".

1913 feiert Berlin das 25-jährige Regierungsjubiläum, der Kaiser steht auf dem Gipfel seiner Popularität. Das aufsteigende Bürgertum genießt den Frieden, entdeckt in Galerien die abstrakte Malerei und tanzt Tango. Für die Landbevölkerung und die zugewanderten Arbeiter in den schnell wachsenden Städten ist die Zeit weniger schön – ihre Lebensbedingungen sind oft schwierig. Unabhängig von der sozialen Stellung aber eint die Menschen der wachsende Patriotismus und die Begeisterung für den technischen Fortschritt.

„Nichts ist unmöglich"

Bis zum Slogan eines japanischen Autoherstellers sollten noch viele Jahrzehnte vergehen – aber er hätte exakt die Stimmung am Anfang des 20. Jahrhunderts getroffen. Alles ist machbar, alles wird größer, schneller, besser. Der Panamakanal verbindet den Atlantik mit dem Pazifischen Ozean und revolutioniert die Seehandelswege. Die ersten Fließbänder sind der Auftakt zu einer massenhaften Warenherstellung und die Transsibirische Eisenbahn ermöglicht das Reisen in neue Welten und Dimensionen. Wissenschaftler entdecken das Atommodell, die erste Kleinbildkamera wird gebaut und eine neue Hautcreme entwickelt – sie heißt bis heute Nivea und ist eines von über 100.000 eingetragenen Warenzeichen. Markenzeichen werden geschaffen – 1911 führt Daimler den Stern als Symbol für seine Autos ein.

Aus der Traum in 160 Minuten

Am 14. April 1912 ist es eine halbe Stunde vor Mitternacht vorbei mit dem ungebremsten Fortschrittsglauben: Die von vielen für unsinkbar gehaltene „Titanic" kollidiert auf ihrer Jungfernfahrt im Nordatlantik mit einem Eisberg und das damals größte Schiff der Welt geht innerhalb kurzer Zeit unter. 1.500 Menschen sterben und das grenzenlose Vertrauen in die Allmacht der Technik findet ein jähes Ende.

„Ausflug nach Paris"

Wer auch immer das mit Kreide auf einen Waggon der deutschen Truppentransporte an die Front geschrieben haben mag, wird schnell den Übermut verloren haben. Allgemein wird nach dem Kriegsausbruch am 1. August 1914 mit einem schnellen Sieg gerechnet. Die Realität ist das genaue Gegenteil: Jahrelange Stellungsgefechte und das sinnlose Grauen von Schlachten wie bei Verdun führen zu einem Grabenkrieg, in dem etwa elf Millionen Menschen zu Tode kommen und rund 20 Millionen als Kriegsversehrte heimkehren. Hier zeigt sich die Schattenseite des technischen Fortschritts – Panzer, Maschinengewehre, Artillerie und Giftgas kennzeichnen eine Materialschlacht bisher ungeahnten Ausmaßes. Nach dem Waffenstillstand im November 1918 ist der Erste Weltkrieg vorbei, nicht aber die Not der Menschen in den betroffenen Ländern.

Tödliche Grippe und schwere Geburt

Kaum geht der Weltkrieg langsam zu Ende, folgt schon die nächste Katastrophe: Das Influenzavirus bringt die Spanische Grippe und weltweit fallen ihr geschätzte 25 bis 50 Millionen Menschen zum Opfer – mehr als im Krieg. Der jahrelange Mangel an Lebensmitteln hat die Widerstandskraft der Menschen erheblich geschwächt. In Deutschland setzt sich nach revolutionären Unruhen, der Abdankung des Kaisers und der Unterzeichnung der Versailler Verträge letztendlich doch die Demokratie durch. Die Weimarer Republik und ihr erstmals auch mit den Stimmen der Frauen gewähltes Parlament sind der Beginn einer neuen Epoche.

„Die Männer sind alle Verbrecher"

Schlager sind in den Zehnerjahren oft populäre Stücke aus Operetten und Singspielen. Der Komponist Walter Kollo sorgt für Evergreens wie „Die Männer sind alle Verbrecher" und die legendäre Claire Waldoff singt Chansons und Gassenhauer wie „Nach meine Beene is ja janz Berlin verrückt" oder „Hermann heeßt er!". Alle im Berliner Jargon – die Hauptstadt ist nicht nur das politische Zentrum, sondern auch der kulturelle Dreh- und Angelpunkt Deutschlands.

Erst satt werden, dann genießen

Rasanter Fortschritt und neue Markenzeichen

Keine Zeit zum Essen – das gibt es auch schon zu Beginn des 20. Jahrhunderts. Aschinger bietet in Berlin als größter Gastronomiebetrieb Europas auch für Bürgertum und Arbeiter bezahlbares Essen und Trinken in Bierquellen, Restaurants und Konditoreien. Überzeugendes Argument für viele Kunden: Es gibt unbegrenzt Schrippen zu den Gerichten. Gleichzeitig bietet die industrielle Fertigung von Lebensmitteln eine effektivere und für alle erschwingliche Zubereitung von Speisen – Fleischextrakte oder Dr. Oetkers Backpulver sind außerordentlich beliebt. Erleichterung bringt auch die zunehmende Elektrifizierung im Haushalt – elektrische Wasserkessel, Herdplatten, Küchengeräte oder Bügeleisen verändern den Alltag. Markenartikel verbreiten sich immer mehr – den „Hellkopf" auf den Produkten von Dr. Oetker kennt man inzwischen in ganz Deutschland. 1918 wird ein anderes Markenzeichen für guten Geschmack geboren: Der „Sarotti-Mohr" ist vor allem für Generationen von Kindern ein sympathischer Ausdruck für süßen Genuss. Der Name ist allerdings weniger exotisch, als er klingt, denn die erste Produktionsstätte der Schokolade ist in der Berliner Mohrenstraße. Die menschliche Ernährung wird zunehmend zum Gegenstand wissenschaftlichen Interesses und Krankheiten als Folge von mangelhafter Ernährung treten ins Bewusstsein. 1912 werden die Vitamine B_1 und C entdeckt. Der Biochemiker Casimir Funk verwendet als Erster die Bezeichnung „Vitamin" – ausgehend von der Überlegung, dass alle zum Leben („vita") notwendigen Substanzen stickstoffhaltig („amin") seien. Die Erkenntnisse ändern sich im Laufe der Zeit, der Begriff aber bleibt.

Ernährung zwischen Gaumenfreuden und Henkelmann

Kolonialwaren bringen exotische Produkte auf die Tische des Bürgertums – Austern, Artischocken oder Bananen sorgen für neue Geschmackserlebnisse und kulinarische Festessen mit erlesenen Weinen. Die Fabrikarbeiter sehen davon nichts. Sie essen Schmalz statt Butter, Eintopf und vor allem Kartoffeln mit Hering, Kohl oder Schweinefleisch. Ihre Mahlzeiten finden nicht mehr nur im Familienkreis, sondern zunehmend am Arbeitsplatz statt. Frauen oder Kinder bringen das Essen im Henkelmann vorbei.

Blockade, Rationierung und Ersatzstoffe

Das ändert sich ab 1914 schlagartig: Fast die Hälfte aller Männer zwischen 16 und 60 sind im Kriegsdienst. Die Frauen müssen an der „Heimatfront" ohne die Ernährer die Familie durchbringen – und das unter schwierigen Bedingungen. Die alliierte Seeblockade der Handelswege verursacht eine enorme Warenknappheit und als Folge strenge Rationierungen und Lebensmittelkarten. Erfindungsreichtum ist sowohl beim Beschaffen von Nahrung wie auch bei der Vorratshaltung gefragt. Gut, dass die Firma Weck Einmachgläser mit Gummiringen und Spezialverschlüssen entwickelt hat und das „Einwecken" genauso wie die Verwendung von Dörrgemüse oder Dauerwurst manchen Engpass überwinden hilft. Aber das alleine reicht nicht: Hunger und Unterernährung führen zur Entwicklung von vielfältigen Surrogaten wie Ersatzkaffee aus gerösteten Eicheln. Roggenbrot wird häufig mit Kartoffelmehl gestreckt – man nennt es K-Brot. Kriegskochbücher liefern Rezepte für Streckgulasch, Einmachen ohne Zucker, Zitronenspeise ohne Eier oder Salatspinat ohne Fett. Propagandistische Aufrufe raten der Bevölkerung, durch das Sammeln von einheimischen Pflanzen und Kräutern die Mängel auszugleichen. Auch Brenn- und Heizmaterial ist knapp – die Kochkiste kommt in vielen Haushalten zum Einsatz. Ihre Wärmeisolierung hilft sparen, denn erhitzte Speisen können darin ohne zusätzliche Energiezufuhr langsam fertig garen.

„Die Kartoffel muss England besiegen"

Ungebremstes Selbstbewusstsein und provozierende Parolen sind kennzeichnend für die Steuerung der öffentlichen Meinung seit dem Kriegsbeginn. Die Kartoffel, Schwerpunkt der Ernährung in Deutschland, wird zum Durchhaltesymbol: „Die Kartoffel muss England besiegen." Aber so einfach ist es nicht und zwei Jahre später ist es ausgerechnet die Kartoffel, durch die das nächste Unglück entsteht.

„Ostpreußische Ananas" im Hungerwinter

Im Herbst 1916 fällt die Kartoffelernte katastrophal aus und als Ersatz müssen in der kalten Jahreszeit Steckrüben dienen, die eigentlich meist als Viehfutter verwendet werden. Die nächsten Monate gehen als Steckrübenwinter in die Geschichte ein und bringen Suppe, Koteletts oder Kuchen auf den Tisch – alles aus der „Ostpreußischen Ananas", wie die Rüben umgangssprachlich auch genannt werden. Städter versuchen mit Hamsterfahrten, auf dem Land noch Kartoffeln oder Speck zu ergattern.

Lebensmittelknappheit lässt Schwarzmarkt blühen

Der Krieg ist aus – die Not bleibt. Auch nach dem Friedensvertrag vom Juni 1919 kann der Markt erst langsam wieder die Nachfrage nach Grundnahrungsmitteln befriedigen. Viele sind nur zu horrenden Preisen auf dem sich schnell entwickelnden Schwarzmarkt zu haben, der einen regen Tauschhandel in Gang setzt. Neben der Beschaffung von Nahrungsmitteln sind auch der Transport und die richtige Lagerung die Herausforderungen, die mit oft sehr einfachen technischen und logistischen Mitteln bewältigt werden müssen. Aber der Aufbau beginnt – auch kulinarisch.

„Durchhalten!"

Droh'n uns're Feinde auch noch so viel
Uns mit der Hungersnot Graus
Wir machen die letzte Kartoffel mobil
Wir Deutsche, wir halten es aus.

Dr. A. Oetker Bielefeld

Grösste Backpulverfabrik des Continents

Dr. Oetker – „Grösste Backpulverfabrik des Continents"

Die allgemeine Entwicklung spiegelt sich auch in der Geschichte der Familie Oetker wider. Aus dem Hinterzimmer der Aschoff'schen Apotheke in Bielefeld ist in zwei Jahrzehnten ein riesiges Unternehmen geworden. 1912 verlegt man die Produktion von Backpulver und Vanillinzucker in den „Backpulverbau", der mit 2.800 Quadratmetern die gigantische Entwicklung des Unternehmens zeigt – immerhin hatte Dr. August Oetker bis 1900 Back- und Puddingpulver in seiner Apotheke hergestellt. Ein Jahr später beginnen die Arbeiten am sogenannten „Puddingpulverbau", der ab 1914 etwa 8.500 Quadratmeter Fläche bietet. Der Absatz steigt von 225 Millionen Päckchen und Tütchen im Jahre 1916 bis auf die Rekordzahl von 305 Millionen, die 1918 erreicht werden. Die Kriegsjahre sind trotz des geschäftlichen Wachstums in privater Hinsicht eine katastrophale Zeit für die Familie Oetker: Dr. Eduard Oetker stirbt 1913; der Sohn des Gründers, Dr. Rudolf Oetker, der 1914 in die Firma eingetreten war, fällt 1916 bei Verdun; und Dr. August Oetker selbst verstirbt im Alter von erst 56 Jahren im Januar 1918.

... der mit ¼ l Milch oder Wasser kochend heiß verrührte Kakao werden mit der Mehlsuppe aufgekocht. Will man die Suppe ohne Kakao kochen, so gibt man ein wenig Dr. Oetkers Vanillinzucker hinzu.

Die Suppe wird von Kindern gern aus Tassen getrunken.

10. Wassergrießsuppe.

4 l Wasser, 20 Eßl. feiner Grieß (200 g)	12 Pfg.
4 Eßl. Korinthen, 4 Teel. Salz	4 "
1 großes Stck. Zimt, 5 Eßl. Zucker	6 "
	22 Pfg.

Das Wasser wird mit den Gewürzen und den gewaschenen Korinthen ganz langsam zum Kochen gebracht, damit der Geschmack derselben in das Wasser hineinzieht. Dann streut man den Grieß ein und rührt ihn öfter um. Kochzeit ¼ Std.

Grieß darf im Löffel nicht mehr untersinken, sonst ist er nicht gar.

11. Obstsuppen, auch mit Ei abzurühren.

Anstatt der Korinthen gibt man ½ Pfd. ausgesteinte Kirschen, Zwetschen, Apfelstückchen in die Grießsuppe Nr. 10, auch vorher gargekochtes, getrocknetes Obst schmeckt sehr gut.

Wenn Wassersuppen besonders für Kranke eine gute Nahrung bilden sollen, rührt man ein Eigelb hinzu.

Man schlägt das Eigelb oder auch ein ganzes Ei mit 2 Eßl. Wasser in der Suppenschüssel kräftig auseinander, gibt ein wenig heiße Suppe unter fleißigem Rühren hinzu und füllt die übrige Suppe dann allmählich nach.

12. Sagosuppe mit Wein.

Die Suppen Nr. 10 und 11 können mit Sago 5 Min. gekocht werden. Dieser muß 2 Std. vorher in Wasser geweicht werden (siehe Nr. 4) 12 Eßl. Sago = 250 g zu 15 Pfg. Anstatt des Obstes rührt man ¼—½ l Rotwein, Apfelwein, Himbeersaft oder nach Geschmack Zitronensaft hinzu. Dieser darf nicht mehr kochen.

13. Süße Graupen- oder Reissuppe.

Diese kocht man, wie die Vorschriften für die übrigen Wassersuppen angeben;

es ist nötig, ¼ l Wasser zum Einkochen hinzuzufügen.

Zur Graupensuppe nimmt man 16 Eßl. Graupen = 270 g zu 11 Pfg.

Zur Reissuppe sind 20 Eßl. = 315 g zu 16 Pfg. erforderlich.

Diese Suppe kocht man 2—3 Std.; billiger Reis macht die Suppe zwar weniger dick, er kocht dafür aber in 1—1½ Std. gar. Kochkiste: ¼ Std. vorkochen, kein Wasser zum Einkochen.

14. Biersuppe.

2 l leichtes, nicht bitteres Bier, 1½ l Wasser	50 Pfg.
4 Eßl. Kartoffelmehl, 2 Eßl.	18 "
1 Stck. Zimt, 2 Teel. Salz, 4 Eßl. Zucker	5 "
	73 Pfg.

Man bringt Bier und 1¼ l Wasser zum Kochen, rührt das Kartoffelmehl gelb und ¼ l Wasser an und gießt dieses unter fleißigem Rühren in die Flüssigkeit.

Das Eiweiß schlägt man zu festem Schnee und behandelt die Suppe weiter, wie bei Schneemilchsuppe Nr. 7 angegeben wurde.

Kinder sollen wenig, besser keine Bier- und Weinsuppen essen, da ihnen der darin enthaltene Alkohol stets schadet.

15. Brotsuppe.

4 l Wasser und ½ l zum Einkochen, dazu ½ kg altes Grau- und Schwarzbrot	12 Pfg.
1 Teel. Kümmel und 1 Stck. Zimt	½ "
6 Eßl. Zucker, 4 Teel. Salz	6½ "
3—4 frische Äpfel oder Schnitzel oder Schalen	8 "
	27 Pfg.

16. Hafersuppe für Kranke und Kinder.

Man kocht 32 Eßl. Hafergrütze = 200 g zu 12 Pfg., am besten sind die amerikanischen Flocken, mit 4½ l Wasser langsam 1½ Std.; wenn diese lange kochen, schmecken sie besser.

Für Kranke rührt man die Hafergrütze durch. Manche trinken sie gern aus dem Glase nur mit Salz, andere lieben den Zucker; 1½ Eßl. Zucker, 1½ Teel. Salz für jedes Liter Flüssigkeit. Dieser Hafersuppe kann man nach Belieben zusetzen: gekochte Pflaumen, Hagebutten, durchgerührt, oder sonstiges Obst, Wein, Fruchtsaft, Fleischbrühe usw. Wenn man die Grütze anfangs mit Milch hinzugeben will, kocht man die Grütze anfangs mit weniger Wasser. Zu Hafersuppe gibt man Milch oder Fleischbrühe gibt man keinen Zucker. Kleinen Kindern gibt man Milchzucker.

17. Hafersuppe mit Kartoffeln.

Man kocht die Suppe Nr. 16 in der ersten halben Std. 1 Pfd. Kartoffeln und 2 Eßl. gutes Fett, Suppen- oder Rindsfett, und gibt 2 Eßl. Salz und kurz vor dem Anrichten eine Handvoll Petersilie hinzu. Petersilie hackt man fein, nachdem man sie gewaschen hat. Sie darf nie im Wasser liegen bleiben, dann verliert sie den Geschmack. Man schneidet die Petersilie zunächst recht fein, dann hackt man sie mit einem scharfen Küchenmesser, welches man mit beiden Händen an der Klinge festhält. In Ermangelung von Petersilie nimmt man Suppengrün oder Maggis Suppenwürze.

Für Kranke ist ein Zusatz von Liebigs Fleisch-Extrakt oder Oxo-Bouillon zu empfehlen, damit die Suppe anregender wird.

18. Geröstete oder ge... ...te Mehlsuppe. (...schwitze.)

... eine Grundlage zu ... die sogenannte ... muß zwischen ... hellem Mehl ... werden. Diese ... Mehlschwitze ... mehr nehmen ... ...ll gemacht und ...

Schulkochbuch 1911:
„Biersuppe – nicht für Kinder!"

Fit in die Ehe

Die Wanderungsbewegungen der Menschen auf der Suche nach Arbeit und die zunehmende Verstädterung verändern die Familienstrukturen. Mädchen und Frauen können nicht mehr wie bisher ihren Müttern und Großmüttern über die Schulter schauen und so alles über die Führung eines Haushalts lernen. Hier hilft jetzt das Dr. Oetker Schulkochbuch: „Bekanntlich ist ein großer Teil unserer jungen Mädchen nicht in der Lage, vor der Verheiratung sachgemäße und gründliche Kenntnisse für den neuen Lebensabschnitt zu gewinnen. ... Das Buch soll besonders Anfängerinnen in der edlen Kochkunst gewidmet sein. ... In diesem Falle ist das Wenige, aber Gründliche, wohl am Platze. Deswegen unverzagt, frisch ans Werk!" (7)

Fett statt Branntwein

Auf die Verantwortung der Hausfrau für das „traute Heim" wird unmissverständlich hingewiesen: „Wenn die Hausfrau die Gerichte nicht richtig zusammenstellt, ist die Gesundheit der Familie ernstlich gefährdet. Ein Mangel an Fett in der Nahrung z. B. würde, da das Fett den Körper erwärmt, bei den meisten Menschen ein Kältegefühl verursachen, welches von innen kommt und durch warme Kleidung nicht zu vertreiben ist. Der Mann, welcher mit zu magerer Kost ernährt wird, greift fast stets zum Branntwein, um sich zu erwärmen, besonders dann, wenn er außerdem noch einen unordentlichen, ungemütlichen Haushalt vorfindet."

Haushalt – viel mehr als nur Kochen

Die Zubereitung und Lagerung von Lebensmitteln ist nicht alles, was zu einer erfolgreichen Haushaltsführung gehört. Wichtig sind auch Warenkenntnisse, Einkaufsplanung und vernünftiges Wirtschaften. Auch das steht im Dr. Oetker Schulkochbuch.

- **Finanzplanung für alle jährlichen Ausgaben: 675 Mark für Nahrung – für vier Personen!**
- **Berechnung des wöchentlichen Küchenzettels für 4,55 Mark und mehr**
- **Monatliche Zusammenstellung des Küchenzettels nach saisonalen Möglichkeiten**
- **Informationen über Nahrungsmittel von A–Z**
- **Tipps zur Haltbarkeit von Lebensmitteln und Hilfe zum Einmachen oder Obstkochen**
- **Bau und Einsatz der Kochkiste**
- **Zubereitung von Krankenspeisen**

Handfeste Rezepte

Mit dem Dr. Oetker Schulkochbuch kommen Blindhuhn, Steckrüben, Wurstbrei, Arme Ritter, Omnibus-Kuchen und natürlich Vanille-Pudding auf viele Tische. Ein kulinarischer Renner ist zweifellos die Biersuppe: *„Man bringt 2 l Bier und 1 ¼ l Wasser zum Kochen, rührt Kartoffelmehl, Eigelb und ¼ l Wasser an und gießt dieses unter fleißigem Rühren in die Flüssigkeit. ... Kinder sollen wenig, besser keine Bier- und Weinsuppen essen, da ihnen der darin enthaltene Alkohol stets schadet."*

1920er

Inflation, Kino und „Küchenwunder"

Tanz auf dem Vulkan

Goldene Zwanziger als Höhepunkt der Weimarer Republik

Auch im Frieden prägt der verlorene Weltkrieg noch den Alltag der Menschen, denn die Reparationsleistungen für die Alliierten sind nur aufzubringen, wenn immer mehr Geld gedruckt wird. Die Folge ist eine Hyperinflation mit einer verheerenden Geldentwertung und astronomischen Preisen selbst für Grundnahrungsmittel. Hinzu kommen innenpolitische Unruhen und die Besetzung des Ruhrgebietes – die erste deutsche Demokratie hat einen schweren Start. Erst

mit der Währungsreform von 1923 und der Aufnahme Deutschlands in den Völkerbund stabilisiert sich die Lage; zwischen 1924 und 1929 blühen die Goldenen Zwanziger.

Radiosendungen, Atlantikflug und Geschwindigkeitsrausch

Der technische Fortschritt ist nicht aufzuhalten – im Oktober 1923 beginnt eine neue Ära der Mediengeschichte: Der erste öffentliche Rundfunksender im

Deutschen Reich nimmt seinen Betrieb auf und begeistert die Massen. Immer neue Grenzen werden überwunden: Flughäfen entstehen und Charles Lindbergh unternimmt erfolgreich den ersten Alleinflug über den Atlantik. 1927 wird mit dem Nürburgring ein Meilenstein des Automobilrennsports fertiggestellt; das erste Rennen auf der neu eröffneten Strecke gewinnt der schon zu Lebzeiten legendäre Rudolf Caracciola.

Begeisterung für Charleston, „Siddharta" und „Dr. Mabuse"

Unterhaltungsmusik im Radio und der Blick in die Welt durch das Kino ermöglichen die rasche Verbreitung neuer kultureller Trends. Aus Amerika kommt nach dem Tango nun der Charleston als Modetanz nach Deutschland. Manche Jahrhundertklassiker werden geboren – der „Zauberberg" von Thomas Mann ebenso wie das bei Generationen von Jugendlichen verehrte Kultbuch „Siddharta" von Hermann Hesse oder die von Fritz Lang inszenierten Filme „Dr. Mabuse" und „Metropolis".

Kultur zwischen Bauhaus, Brecht und Bubikopf

Knickerbocker und Schiebermützen prägen die Männermode. Trendfrisur bei den Damen wird der Bubikopf, wie der am Herrenschnitt orientierte Pagenkopf genannt wird; Federboas, Stirnbänder und lange Zigarettenspitzen sind Ausdruck eines mondänen Lebensstils. Ein weiterer bis heute aktueller Klassiker entsteht ebenfalls in dieser Zeit: 1920 kommt die von der französischen Modeschöpferin Coco Chanel geschaffene Duftnote „Chanel No 5" auf den Markt. In Weimar zeigt das Bauhaus in seiner ersten Ausstellung eine ganz neue Vorstellung von funktionalem Design für Wohnräume und Gebrauchsgegenstände, in Berlin strömen die Menschen in die Aufführung von Brecht-Stücken wie „Mahagonny" oder „Die Dreigroschenoper".

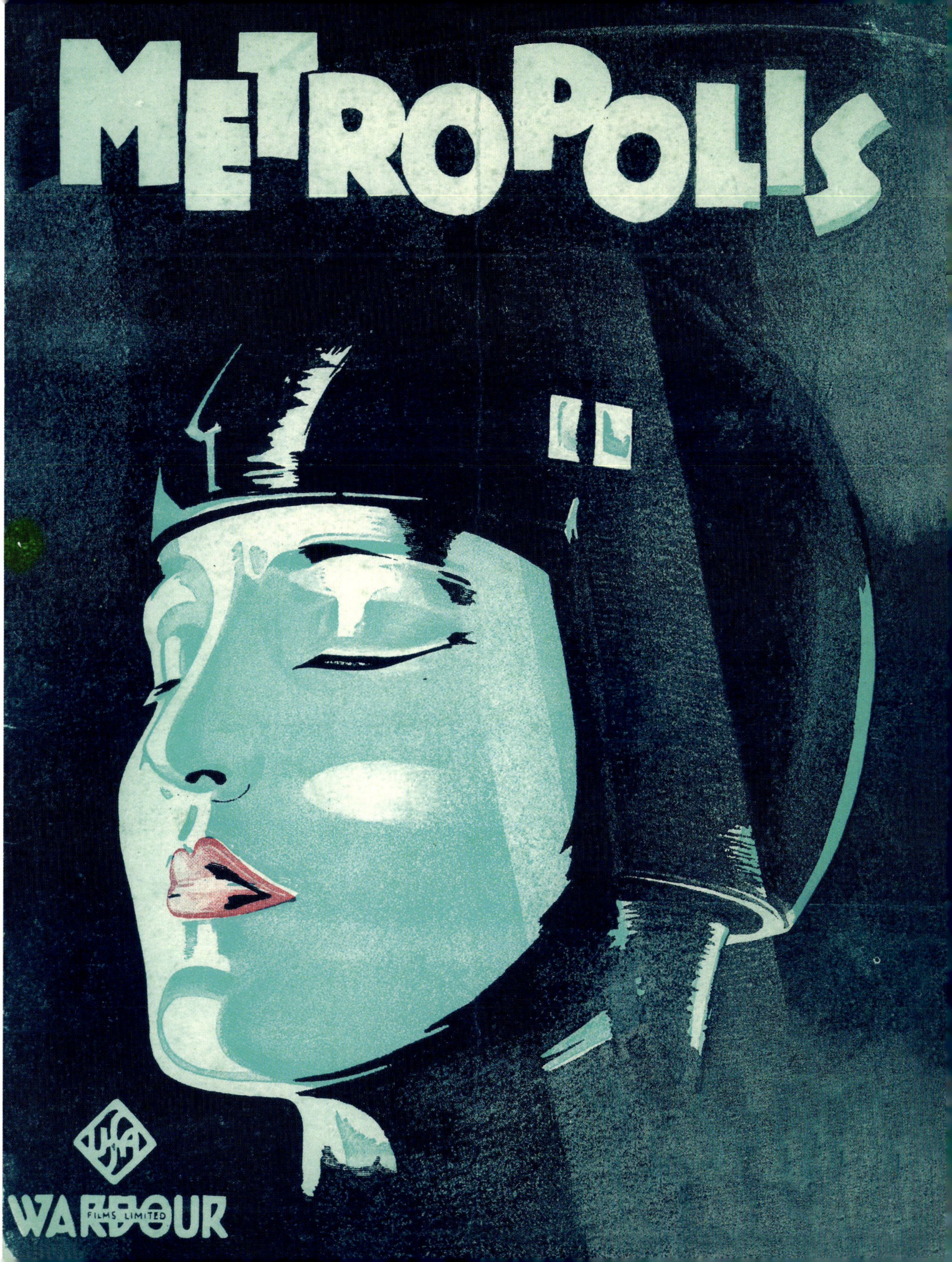
METROPOLIS
WARDOUR
FILMS LIMITED

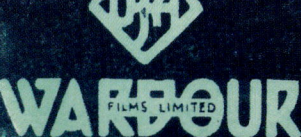

Nichts geht mehr: Börsencrash am Schwarzen Freitag

Der 24. Oktober 1929 lässt alle Träume der Goldenen Zwanziger jäh zerplatzen. In Amerika brechen am Black Thursday – der wegen der Zeitverschiebung in Europa als der Schwarze Freitag in die Geschichte eingeht – die Aktienkurse ein. Panik unter den Anlegern führt zum Börsencrash, der eine Weltwirtschaftskrise auslöst. Massenarbeitslosigkeit und die politische Radikalisierung sind in Deutschland der Anfang vom Ende der Weimarer Republik.

Technik erobert die ersten Küchen

Weniger Fett ist mehr Gesundheit

Aus der Not kann gelegentlich auch eine Tugend entstehen: Die deutschen Hausfrauen haben jahrelange Übung darin, mit wenig Fleisch und Fett zu kochen, Mahlzeiten zu strecken und aus wenigen Möglichkeiten viel zu machen. Zu diesem Improvisationstalent kommt nun noch die wachsende Erkenntnis über die gesunde Zusammensetzung vitaminreicher Nahrung hinzu. Wenn Gemüse richtig mit Hülsenfrüchten, Grieß oder Graupen kombiniert wird und ein schwerer Braten nicht täglich auf den Tisch kommt, ist objektiv für eine gute Ernährung gesorgt.

„Am Sonntag will mein Süßer mit mir segeln geh'n"

Mit dem Siegeszug des Radios kommen Schlager in immer mehr Häuser. Die Moritat des „Mackie Messer" aus der 1928 in Berlin uraufgeführten „Dreigroschenoper" von Bertolt Brecht ist ebenso bekannt wie die charmante Liebeserklärung des legendären Tenors Richard Tauber mit dem Lied „Ich küsse Ihre Hand, Madame". Erwin Bolt sorgt 1929 mit seinem Hit „Am Sonntag will mein Süßer mit mir segeln geh'n" für den komprimierten Ausdruck eines unbeschwerten Lebensgefühls in einem Abschnitt der deutschen Geschichte, von dem die Menschen noch nicht ahnen können, dass er lediglich eine Zwischenkriegszeit bleiben wird.

Bewusst ernähren oder dekadent schlemmen

Ausschweifende Galadiners mit Hummer und Champagner in Berliner Luxushotels oder garnierte Lachshäppchen auf den Flügen der Deutschen „Luft Hansa" sind für die 20er Jahre ebenso prägend wie das ökologisch-vegetarisch geprägte Ernährungsbewusstsein, das die schon vor dem Krieg entstandene Lebensreformbewegung propagiert. Allerdings sind viele zeittypische Phänomene Ausdruck des großstädtischen Lebens – vor allem in Berlin, wo das Kaufhaus Karstadt als Erstes eine eigene Lebensmittelabteilung eröffnet. Deutschland ist aber noch stark agrarisch geprägt. Auch hier gibt es große Fortschritte bei der Mechanisierung der Landwirtschaft. Ab 1921 wird in Mannheim von der Firma Lanz der „Bulldog" gebaut, dessen Typenbezeichnung umgangssprachlich lange als Synonym für einen Traktor oder Ackerschlepper verwendet wird.

Milliarden Mark für eine Mahlzeit

Kaum hat nach dem Ende des Krieges der Warenverkehr wieder begonnen und dafür gesorgt, dass sich die Einkaufsmöglichkeiten Jahr für Jahr verbessern, kommen mit der Inflation horrende Preise selbst für alltägliche Nahrungsmittel: 1914 kostet ein Ei in Berlin 8 Pfennige, Ende November 1923 sind es 320 Milliarden Mark. Für ein Kilo Rindfleisch bezahlt man vor dem Krieg knapp 2 Mark, jetzt die unvorstellbare Summe von 5,6 Billionen Mark. Plünderungen und Teuerungsunruhen zwingen zum Handeln. Neben kostenlosen Volksspeisungen gibt es auch internationale Unterstützung durch das Rote Kreuz. Und die Menschen helfen sich selbst – allerdings nicht ohne Risiko: Unkenntnis führt immer wieder zu schweren Vergiftungen durch selbst gesammelte Pilze. Mit der Einführung der Rentenmark im Dezember 1923 tritt wieder Normalität ein.

„Wunder" in der Küche: Technik revolutioniert die Hausarbeit

Das Kochen auf Holzöfen und der Gebrauch von Kühlkisten sind immer noch der Standard in vielen deutschen Küchen. Aber aus den USA kommt nicht nur der Autoboom nach Deutschland, von dort kommen auch die Trends für neue Haushaltsgeräte. Diese finden vor allem nach dem Sinken der Strompreise Mitte der 20er Jahre großen Absatz, natürlich entsprechend den finanziellen Möglichkeiten. Kühlschränke, Waschmaschinen, Geschirrspüler oder der „AEG-Volksherd" verändern die Hausarbeit schneller als je zuvor. Beliebt sind vor allem neue Produkte, die den Hausfrauen immer wiederkehrende Arbeiten deutlich erleichtern. Dazu gehören beim Kochen auch das „Küchenwunder" und die „Zauberglocke", die als Back-, Brat- und Dünstapparate auch unter einfachen Bedingungen vielseitiges und energiesparendes Kochen ermöglichen.

Zukunftsvision „Frankfurter Küche"

Effizienter, funktionaler, kleiner – das sind die Orientierungspunkte für die Konzepte zukunftsweisender Wohnungsbauten und Inneneinrichtungen. Weniger Platz lässt Klappmöbel, Einbauschränke und stapelbare Stühle entstehen. Auch die Hausfrauen sind im Blick der Designer: Analysen der Arbeitsabläufe liegen den Entwürfen für arbeitssparende Einrichtungen zugrunde. Die Architektin Margarete Schütte-Lihotzky wird mit ihrem 1927 präsentierten Entwurf der nur sechs Quadratmeter großen „Frankfurter Küche" die Innenarchitektur und die Weiterentwicklung der Einbauküchen langfristig prägen. Es handelt sich keineswegs nur um eine Studie – die kompakte Küche wird in Tausende Sozialwohnungen eingebaut.

Dr. Oetker gründet erste Haushaltsschulen

1920 übernimmt Dr. Richard Kaselowsky, den die Witwe des Gründersohnes in zweiter Ehe heiratet, die Führung des stark expandierenden Unternehmens Dr. Oetker. Ein Grundstein des Erfolgs ist neben der Qualität der Produkte auch die Nähe zu den Kunden. Die Dr. Oetker Versuchsküche liefert wichtige Erfahrungen und Erkenntnisse für das richtige Kochen und Backen, die zunächst in ausgewählten Geschäften bei Vorführungen mit den entsprechenden Geräten weitergegeben werden. 1927 entstehen in den größeren Städten die ersten Dr. Oetker Haushaltsschulen, an denen sich die Firma Henkel mit Waschkursen beteiligt. Jährlich absolvieren 5.000 bis 6.000 Hausfrauen und junge Mädchen das Schulprogramm, das ihnen Backen nach Dr. Oetker-Rezepten und die Zubereitung von Süßspeisen systematisch vermittelt.

Weltmarken entstehen

In den 20er Jahren beginnt ein koffein- und kohlen-
säurehaltiges Getränk mit der Eroberung der europäischen Märkte. Bei den Olympischen Sommerspielen
1928 in den Niederlanden darf sich Coca-Cola zum
ersten Mal „Offizielles Erfrischungsgetränk der Olympischen Spiele" nennen. Auch in Deutschland wird es
ab 1929 zum Ausdruck des amerikanischen Lebensstils. Eine deutsche Erfolgsstory ist der Gummibär, der
seit 1922 Kinder und Erwachsene erfreut und seinen
Markennamen dem Erfinder Hans Riegel aus Bonn
verdankt.

Schulkochbuch 1927:
„Berliner Luft als Dessert"

Auf der Höhe der Zeit

Das Dr. Oetker Schulkochbuch ist schon in Millionen Haushalten fester Bestandteil des Alltags geworden. Seit 1911 haben sich die Zeiten, der Geschmack und das Warenangebot allerdings deutlich verändert. Eine – erstmals bebilderte – Überarbeitung erscheint daher 1927: „Nach langer Pause, die durch den Krieg und seine Folgezeit bedingt wurde, kommt ,Dr. Oetkers Schulkochbuch' nun in vollständig neuer Bearbeitung heraus. Die durchgreifenden Änderungen der wirtschaftlichen Verhältnisse und die umwälzenden Forschungsergebnisse der Ernährungswissenschaft waren mitbestimmend. Soweit die letzteren schon praktisch Anwendung finden können, treten sie in den einzelnen Abschnitten in Erscheinung." (2)

Maschine Mensch

Die technische Entwicklung hat das Bewusstsein der Menschen stark beeinflusst. Auch der menschliche Organismus wird als Ablauf von Prozessen verstanden, den man gezielt beeinflussen kann: „Der menschliche Körper gleicht einem Motor; er erzeugt Energie (Bewegung, Arbeit usw.) und wird dauernd abgenutzt. Er benötigt infolgedessen laufend Heiz- und Aufbaustoffe, die ihm durch eine richtig zusammengesetzte Nahrung zugeführt werden müssen." (3)

Empfehlungen aus der Versuchsküche

Die Küchentechnik entwickelt sich rasant. Das Erfolgsgeheimnis des Dr. Oetker Schulkochbuchs ist damals wie heute, unter unterschiedlichsten Bedingungen die Rezepte zu testen und auf diese Weise auch Erkenntnisse über die Funktionsfähigkeit von Küchenmaschinen zu gewinnen – so zum Beispiel über das „Küchenwunder": „Dieser neuartige Back-, Brat- und Dünstapparat wurde in der Versuchsküche von Dr. August Oetker ausprobiert und für gut befunden. Sein besonderer Vorzug besteht darin, daß man damit auf kleiner Gaskocherflamme ohne Backofen bei sparsamstem Gasverbrauch die schönsten Kuchen und Torten backen kann. Der Apparat bratet außerdem ohne Fett, auch auf Grillrost, Fleisch- und Fischgerichte aller Art. Ein weiterer Vorzug des ,Küchenwunders' liegt in der Möglichkeit, es zum Dünsten von Gemüse im eigenen Saft zu verwenden, wobei alle wichtigen Mineral- und Ergänzungsstoffe (Vitamine) erhalten bleiben." (117)

Mehr wissen bedeutet besser kochen

Ob es um die Bedienung technischer Geräte, die Erweiterung der Warenkenntnisse oder die möglichst gesunde Zubereitung der Speisen geht – die Neubearbeitung bringt auch viele aktuelle Informationen für die Hausfrauen:

- **Abbildung essbarer und giftiger Pilze mit Beschreibungen und Verwendungsvorschriften**
- **Richtige Zubereitung von Gemüse ohne Verlust der Nährstoffe**
- **Beispiele zur Benutzung des „Küchenwunders"**
- **Warenkunde: Fleisch mit Abbildungen**
- **Ausführliche Nährwerttafeln**

Neue Rezepte mit neuen Waren

Das Warenangebot wird größer und größer: Es gibt viele unterschiedliche Pilzgerichte, man genießt Hammelfleisch oder Rehragout und selbst ein Apfelsinen- oder Makkaroniauflauf mit Schinken kommt schon in den 20ern auf den Tisch. Eines darf als Dessert natürlich nicht fehlen – die legendäre „Berliner Luft", auch als „Rosa Schnee" bekannt:

„1 Päckchen Dr. Oetkers ‚Götterspeise' wird nach Vorschrift zubereitet. Dann schlägt man 1–2 Eiweiß zu steifem Schnee und hebt diesen unter die erkaltete, aber noch flüssige ‚Götterspeise'. Die Speise kann mit einer Vanille-Soße aus Dr. Oetkers Soßenpulver oder auch mit Obstsalat oder Preiselbeeren gereicht werden."

schnell 3 zu Schnee geschlagene Eiweiß hindurch und füllt die
.. in eine Glasschale. Dann kocht man
Die 3 Eigelbe, ⅛ l Apfelwein oder Weißwein, 50 g Zucker, Saft
.. Schale einer halben Zitrone schlägt man gehörig mit dem
..eschläger im Wasserbade bis die Eier steigen. Dann füllt man
.. Speise über die vorige. Man kann beides allein anrichten.

Ananasspeise.

Man bereitet aus 1 Päckchen Dr. Oetkers Puddingpulver, Mandel=
..mack, nach Vorschrift eine Speise, nimmt jedoch ¾ l Milch, 75 g
..er und verrührt mit dem Puddingpulver und Wasser zwei Eigelb.
.. dem Kochen fügt man noch 5 g = 2½ Blatt Dr. Oetkers weiße
..egina=Speisegelatine hinzu, die vorschriftsgemäß aufgelöst wurde.
.. Pudding wird in kaltes Wasser gestellt und mit 150 g, nach Be=
..ben mehr, sein geschnittener Ananas gerührt, bis er abgekühlt ist.
..he Ananas kann man auch reiben. Dann vermischt man die Speise
..ale 125 g steifer, gesüßter Schlagsahne und füllt sie in eine Glas=
.. Wer den Pudding stürzen will, nimmt 10 g = 5 Blatt
.. Oetkers Gelatine.

Schneebälle in Vanillesoße.

Diese bereitet man wie Schneemilchsuppe, nimmt aber mehr
..er und weniger Flüssigkeit, etwa 1 l und 6 Eier. Wenn alle
..Eigelb zur Soße gebraucht werden, ist nur noch 1 Eßl. Mehl dazu
..tig. Wenn vorrätiges Eiweiß verbraucht werden soll, so läßt sich
..die Soße sehr bequem mit Dr. Oetkers Soßenpulver „Vanille" her=
..tellen, der man auch noch ein Eigelb zusetzen kann, jedoch ist sie
..gut ohne dieses. Die Soße wird über den steifen Eischnee gefüllt.

Sagospeise.

70 g Sago werden 1 Std. mit ½ l Wasser zum Ausquellen hin=
..gestellt. Dann kocht man den Sago mit ½ l Milch, 1 Prise Salz,
1 Teel. Butter in 5 Min. klar. Hierauf fügt man 4 Eidotter hinzu,
die mit 60–80 g Zucker und einem Päckchen Dr. Oetkers Vanillinzucker
..schaumig gerührt wurden, läßt die Speise aufkochen und gibt
..schnell den Eischnee hinzu. (Mit einem Rest Eischnee rührt man
den Rest von Eiern und Zucker aus dem kleinen Einrührgefäß.)

Grießschnee
oder falsche Schlagsahne.

1 l Wasser, 125 g feiner Grieß, 200 g Zucker, Saft einer
halben Zitrone, 2 Tropfen Dr. Oetkers Zitronenöl, 1 Päck=
chen Dr. Oetkers Vanillinzucker, ½ Teel. Salz.
Alle Zutaten werden 10 Min. gekocht, nur die Gewürze gibt man
nachher hinzu. Der Grießbrei wird geschlagen, bis er steif ist und
..über gekochtes Obst oder eine kalte Speise aus Dr. Oetkers Gelee=
pulver, Roter Grütze oder Puddingpulver mit Himbeergeschmack
gefüllt.

Rote Grütze.

Zu roter Grütze nimmt man dieselben Mengen, nur halb Wasser,
halb Fruchtsaft und reichlich Zucker. Statt des Grießes benutzen
..he Hausfrauen Sago. Am bequemsten ist Dr. Oetkers Rote
..Am bequemsten dadurch ergänzen und
.. Reste von Fruchtsaft .. Auch kann die Haus=

..latne und hochwertigen Fruchtauszügen in den Geschmacksarten
Himbeer, Erdbeer, Kirsch, Johannisbeer und Waldmeister.
Die Zubereitung ist sehr einfach: ½ l Wasser bringt man zum
Kochen, nimmt vom Feuer und läßt 2 Minuten stehen. Hierauf löst
man den Inhalt des Päckchens unter Rühren sorgfältig in dem noch
heißen Wasser auf und füllt die Masse in eine Puddingform, die man
so lange in einem kühlen Raum beiseite stellt, bis die Speise fest ge=
worden ist. Am besten bereitet man die Speise abends vorher. Will
man die „Götterspeise" stürzen, so hält man die Form ganz kurz in
warmes Wasser. Man reicht die „Götterspeise" mit Vanille=Soße, be=
reitet aus Dr. Oetkers Soßenpulver Vanille=Geschmack. Die Speise
darf nicht gekocht werden, weil sonst die Schmackhaftigkeit leidet.
Sehr hübsche Bereitungsformen sind auch folgende:

Rosa Schnee (Berliner Luft).

1 Päckchen Dr. Oetkers „Götterspeise" wird nach Vorschrift zu=
bereitet. Dann schlägt man 1–2 Eiweiß zu steifem Schnee und hebt
diesen unter die erkaltete, aber noch flüssige „Götterspeise". Die
Speise kann mit einer Vanille=Soße aus Dr. Oetkers Soßenpulver
oder auch mit Obstsaft oder Preiselbeeren gereicht werden.

Schnee und Eis.

½ Liter Wasser bringt man zum Kochen, nimmt vom Feuer un..
läßt 2 Minuten stehen. Hierauf löst man 1 Päckchen Dr. Oetker..
„Götterspeise" unter sorgfältigem Umrühren darin auf, gibt die Häl..
der Lösung vorsichtig in eine Glasschale und in kaltes Wasser, das häu..
Festwerden in einen kühlen Raum oder in kaltes .. läßt man in d..
erneuert wird. Die andere Hälfte der Lösung .. vor dem Festwerd..
Topf langsam erkalten und schlägt sie kurz .. Eine Verfeinerung erz..
mit einem Schneebesen schaumig. .. durch Hinzugabe von Schlagsahne, indem man ⅛ der Schla..
man durch Hinzugabe der Schaumspeise zieht. Man reicht sie so oder
Schlagsahne unter die festgewordene „Götterspeise" und reicht sie so oder
..speise über die festgewordene „Götterspeise", hergestellt aus Dr. Oetkers Soßenpulver Van..
Vanille=Soße, hergestellt aus Dr. Oetkers Soßenpulver
geschmack.

Weingelee.

¼ l Wasser bringt man zum Kochen, läßt 1 Min. stehen und ..
darin 1 Päckchen Dr. Oetkers „Götterspeise" und einen gehä..
Eßl. voll Zucker unter Umrühren auf. Dann gibt man ¼ l Weiß..
oder Apfelwein hinzu, rührt um, gibt die Lösung vorsichtig in ein..
Glasschale und stellt die Speise zum Festwerden in einen f..
Raum oder in kaltes Wasser, das häufig erneuert wird. Man reich..
besten bereitet man die Speise abends vorher. Dr. Oetkers S..
Weingelee mit Vanille=Soße, hergestellt aus Dr. Oetkers S..
..pulver Vanillegeschmack, oder man verziert mit Schlagsahne.

Verhüllte „Götterspeise".

(Hierfür eignet sich am besten „Götterspeise" mit Himbee..
Erdbeer=, Kirsch= oder Johannisbeer=Geschmack.)
½ Liter Wasser bringt man zum Kochen, nimmt vom Feu..
chens Dr. Oetkers „Götterspeise" unter Rühren sorgfältig in d..
heißen Wasser auf und füllt die Masse vorsichtig in eine Gl..
stellt die Speise in einen kühlen Raum oder in kaltes Wasser..
häufig erneuert wird, bis sie fest geworden ist. Am besten ..
..eise abends vorher. ..Dr. Oetkers Vanille=Puddingpulv..

1930er

Eintopf, Mutterkreuz und Weltkrieg

Innenlenker mit Faltdach

Gleichschaltung und Massenprodukte

In zehn Jahren von der Krise zum Krieg

Die Weltwirtschaftskrise von 1929 und die daraus entstehende Zahl von fast sechs Millionen Arbeitslosen verändern Deutschland tiefgreifend. Eine Radikalisierung der Gesellschaft ermöglicht den Aufstieg der Nationalsozialisten, die nach der Machtübernahme 1933 systematisch eine Diktatur aufbauen. Im Zeichen des Hakenkreuzes werden Juden und politische Gegner verfolgt. Die staatliche Propaganda bereitet gezielt die Eroberung neuen „Lebensraumes" für das deutsche

Volk vor; der erste Schritt und gleichzeitig der Beginn des Zweiten Weltkrieges ist der Überfall auf Polen im September 1939.

Technik durchbricht immer neue Grenzen

Die Menschen sind begeistert von Superlativen wie dem 1931 fertiggestellten Empire State Building in New York, dem höchsten Gebäude der Welt. Aus Deutschland kommt das größte Luftschiff aller Zeiten;

allerdings wird es auch das letzte sein: Die „Hindenburg" explodiert 1937 kurz vor der Landung in den USA. Die Zeppelinproduktion wird im Deutschen Reich eingestellt – Flugzeuge beherrschen jetzt den Luftverkehr. In den 30er Jahren werden zahlreiche Erfindungen gemacht, die den Alltag noch lange beeinflussen werden. Die erste Leuchtstoffröhre von Osram kommt auf den Markt, mithilfe der Elektrofotografie entsteht die erste Fotokopie und es gelingt, einen neuen PVC-Typ zu entwickeln, der einen breiten Einsatz dieses Materials für den industriellen und privaten Gebrauch ermöglicht – das Plastikzeitalter beginnt.

New York

Hindenburg

Volksempfänger und Volkswagen

Ein im Auftrag des Reichsministeriums für Volksaufklärung und Propaganda entwickeltes Massenprodukt bekommt eine hohe Bedeutung für die nationalsozialistische Diktatur: Der 1933 auf der Berliner Funkausstellung präsentierte Volksempfänger ist ein Kurzwellenradio, mit dem staatlich gelenkte Informationen in jedes Haus kommen können. Neuerungen in der Medienlandschaft sind wenige Jahre später der erste UKW-Sender und das erste Fernsehprogramm, das 1935 vom Berliner Funkturm ausgestrahlt wird. Nichts wird dem Zufall überlassen: Die NS-Organisation „Kraft durch Freude" lenkt das Leben im privaten Bereich durch Freizeit- und Unterhaltungsangebote. Wichtiges Projekt ist der „KdF-Wagen", ein für alle erschwingliches Auto, das man mit Sparmarken langsam erwerben kann. Für dessen Produktion wird

Der Innenlenker

das Volkswagenwerk errichtet und eine neue Stadt gegründet – die „Stadt des KdF-Wagens", das spätere Wolfsburg. Neben den Vorläufern des VW Käfer entsteht auch der Opel Kadett in den 30ern. Der Krieg verhindert aber die private Motorisierung, militärische Fahrzeuge haben jetzt Priorität.

Sportliche Idole 1936: Max Schmeling und Jesse Owens

Erstmals wird Fußball global: 1930 findet – ohne deutsche Beteiligung – die erste Weltmeisterschaft statt, die das Gastgeberland Uruguay gewinnt. In Deutschland sind es allerdings zwei andere Ereignisse, die für Furore sorgen. Das sind 1936 der sensationelle Sieg von Max Schmeling im „Kampf des Jahrhunderts" über den Favoriten Joe Louis und die im gleichen Jahr als Propagandaveranstaltung der Nationalsozialisten inszenierten Olympischen Spiele in Berlin, deren erfolgreichster Sportler mit vier Goldmedaillen ausgerechnet der farbige amerikanische Leichtathlet Jesse Owens wird.

„Pünktchen und Anton", „Quasimodo" und „Vom Winde verweht"

Berlin ist bis zur Machtübernahme der National-sozialisten die europäische Kulturmetropole mit weg-weisenden Werken in Literatur, Musik, Theater oder Film. Einige der bekanntesten Bücher sind eigentlich für Kinder geschrieben, begeistern aber auch Erwach-sene: Erich Kästner veröffentlicht nach „Emil und die Detektive" mit „Pünktchen und Anton" einen zweiten Klassiker. Das Kino bietet den Menschen eine Ablen-kung vom schwierigen Alltag und entführt sie in eine Traumwelt. Fritz Lang schreibt mit „M – Eine Stadt sucht einen Mörder", eine der ersten Tonfilmpro-duktionen in Deutschland, ebenso Kinogeschichte wie Hitchcocks „39 Stufen", der „Glöckner von Notre Dame", „King Kong und die weiße Frau" oder das monumentale Südstaatenepos „Vom Winde verweht", das schon als Roman ein Millionenbestseller war.

„Ich bin von Kopf bis Fuß auf Liebe eingestellt"

Kinofilme, Kabarett, Operetten und Radiosendun-gen sorgen für die musikalische Unterhaltung der Menschen. Die Hits der 30er spiegeln auch die Stim-mung der Zeit wider. Im Ufa-Palast in Berlin wird 1930 „Der blaue Engel" mit Marlene Dietrich urauf-geführt, deren Lied „Ich bin von Kopf bis Fuß auf Liebe eingestellt" genauso ein Jahrhunderthit wer-den sollte wie „Wochenend und Sonnenschein" von den Comedian Harmonists oder „Auf der Reeper-bahn nachts um halb eins" von Hans Albers. Viele Künstler fliehen aus Deutschland – einer von ihnen ist der Tenor Joseph Schmidt, dessen Interpretation von „Ein Lied geht um die Welt" viele Menschen tief bewegt. Angesichts der sich zuspitzenden politi-schen Lage ist aber offiziell Optimismus gefragt, so wie ihn Heinz Rühmann mit „Das kann doch einen Seemann nicht erschüttern" verkörpert.

Deutsche Küche mit deutschen Produkten

Das Streben nach wirtschaftlicher Unabhängigkeit reduziert in der Zeit der NS-Diktatur deutlich die Warenvielfalt. Entsprechend der „Blut und Boden"-Ideologie werden saisonal ausgerichtete Speisepläne und die Verwendung „im Reich hergestellter" Produkte gefordert. Das genaue Haushalten mit den zur Verfügung stehenden Mitteln und eine systematische Resteverwertung sind keine Privatsache; Kampagnen wie „Kampf dem Verderb" machen allen Haushalten klar, dass dies eine volkswirtschaftliche Pflicht ist. Hier sind die Frauen entsprechend dem nationalsozialistischen Bild als Hausfrau und Mutter gefragt. Um ihren Beitrag für das „Reich" zu würdigen, wird 1934 der Muttertag ein offizieller Feiertag und Ende der 30er Jahre das Mutterkreuz eingeführt.

„Kanonen statt Butter"

Kartoffelsuppe und Bircher-Müsli

Die Weltwirtschaftskrise hat spürbaren Einfluss auf die Ernährung der Menschen. Eine ausgewogene und gesunde Kost ist nicht das zentrale Thema in deutschen Küchen; es geht vor allem darum, mit einfachen Gerichten erst einmal satt zu werden. Der traditionelle Sonntagsbraten wird für viele durch die unerschwinglichen Fleischpreise zum seltenen Festessen; vegetarische Mahlzeiten aus Kartoffeln, Rüben und Gemüse kommen immer öfter und sicherlich nicht immer freiwillig auf den Tisch. Die Vorteile „fleischloser Vollgerichte" werden propagiert und die Idee einer pflanzlichen Ernährung findet auch Zuspruch bei Ärzten. Einer der bekanntesten Vertreter der Vollwertkost ist in dieser Zeit der Schweizer Mediziner Maximilian Bircher-Benner, dessen Müsli später auf viele deutsche Tische kommen sollte.

Eintopfsonntag und „Einheitsmargarine"

Der Eintopfsonntag ist fester Bestandteil der Ideologie des Winterhilfswerks des deutschen Volkes. Im Herbst und Winter soll sowohl in der Gastronomie wie auch zu Hause an jedem ersten Sonntag statt Braten ein Eintopfgericht auf den Tisch kommen. Das dadurch eingesparte Geld soll für die Unterstützung Bedürftiger gespendet werden. Gleichzeitig wird der Eintopfsonntag zum gemeinsamen Ritual stilisiert, das dem Gedenken an die Toten des Ersten Weltkriegs gewidmet ist und eine völkische Gemeinschaft schaffen soll. Auf Fleischengpässe reagiert die staatliche Propaganda sofort: Fisch wird zunehmend als Eiweißlieferant angepriesen. Nach Kriegsbeginn spitzt sich die Versorgungslage zu: Bezugsscheine für Lebensmittel werden wieder eingeführt und Ersatzprodukte kommen auf den Markt, wie beispielsweise ab Oktober 1939 die „Einheitsmargarine". Die volkswirtschaftlichen Prioritäten sind ganz klar: „Kanonen statt Butter." Im gleichen Jahr wird ein Reichsvollkornausschuss gegründet, der diese Brotsorte als „arisches" Nahrungsmittel fördert.

Hilfswerk
schen Volkes
TIFTET VON DER INSTALLATEUR-UND
Jeder Eintopfsonntag
ein Ehrentag der Nation!

Dr. Oetker setzt Standards für erfolgreiche Werbung

1933 wird das erste prägnant gestaltete Dr. Oetker-Logo – rotes Oval mit „Tortendeckchen" – durchgängig eingesetzt. Alle Packungen tragen außerdem als eindeutiges persönliches Bekenntnis zur Marke und zum Produkt die Unterschrift des Firmengründers in lateinischer Handschrift. Für alle, die nicht die Möglichkeit haben, dieses Angebot wahrzunehmen, ziehen die Wanderbackkurse in die entlegensten Ecken Deutschlands, um die neuesten Produkte und Erfahrungen aus dem Hause Dr. Oetker zu präsentieren. Anfangs zeigen die Außendienstmitarbeiter lediglich Werbe-

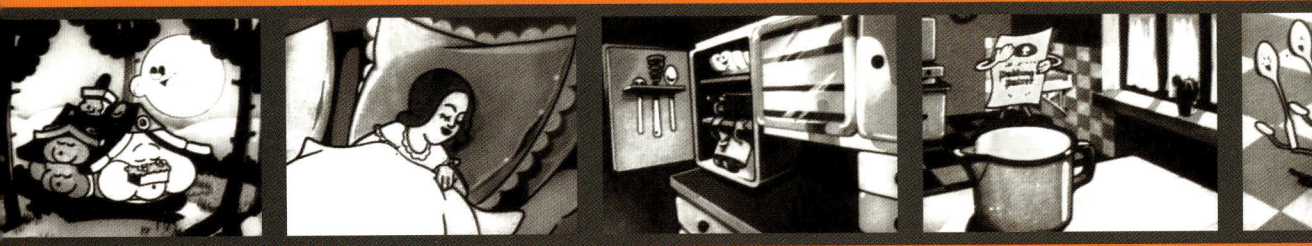

Schulkochbuch 1937: „Gefüllter Gänsehals"

Millionenbestseller Schulkochbuch

Erfolg verpflichtet: „Das Wieder-Erscheinen des Schul-Kochbuches im Jahre 1927 erweckte bei den Hausfrauen einen derart freudigen Widerhall, daß innerhalb von 10 Jahren eine Auflage von 5 Millionen Stück gedruckt werden mußte. Die seither eingetretenen Veränderungen in der Wirtschaft und den ernährungswissenschaftlichen Erkenntnissen machten eine grundlegende Neubearbeitung des Buches erforderlich, die zugleich eine wesentliche Erweiterung (auf 1.100 Rezepte und 20 Bildtafeln) mit sich brachte." (2)

Orientierung und Sicherheit geben

Der wachsende Einfluss der Medien verbreitet eine Vielzahl von Informationen, die die einzelne Hausfrau nicht immer sicherer macht. Hier setzen die Idee der Versuchsküche und damit des Dr. Oetker Schulkochbuches sowie der 1934 komplett überarbeiteten Dr. Oetker Warenkunde an. Es geht nicht um zufällige Experimente, sondern erprobte und alltagstaugliche Rezepte und Hinweise: „Über Ernährungsfragen ist insbesondere in den letzten Jahrzehnten sehr viel geschrieben und gesprochen worden. Anlaß zu diesem Studium gaben hauptsächlich gesundheitliche und wirtschaftliche Fragen, hervorgerufen z. T. durch Krieg, Inflation, Arbeitslosigkeit, Devisenknappheit und dergleichen mehr. Die Folge davon war, daß fort-

filme in Kinos und Gaststätten. Eine spektakuläre Ergänzung dieser Aktivitäten sind die ab 1931 eingesetzten Dr. Oetker-Werbewagen. Sie sind mit einer eigenen Küche ausgestattet und erlauben so, jederzeit Back- und Kochrezepte vorzuführen und zu verkosten. Eigens für die Kinder gibt es Dr. Oetker-Märchenwagen, wenig später folgen noch speziell konzipierte Filmwagen. Auf deren Leinwänden verfolgen bis zu 1.000 Zuschauer fasziniert die Produktpräsentationen und genießen anschließend die Kostproben.

Veränderung: Hat man kein Blut zur Verfügung, so bereitet man aus der Brühe eine dunkle Grundsoße und würzt sie mit 1 Eßl. Apfelkraut oder Rotwein, Essig und Zucker.

Gefüllter Gänsehals.

1 Gänsehalshaut,	1 gerieb. Zwiebel,
1 Gänseleber,	1 Ei, Pfeffer.
250 g fettes Schweinefleisch,	Salz,

Man zieht vom Hals, nachdem man den Kopf abgeschnitten hat, die dicke Fetthaut ab, ohne sie zu zerreißen, und näht sie an einem Ende zu. Aus der feingewiegten Gänseleber (man kann auch Herz und Magen mit verwenden), dem feingehackten Schweinefleisch, Zwiebel, Ei, Salz und Pfeffer macht man eine Füllung, zu der man auch 3 Eßl. feingewiegte Pilze geben kann. Der Hals wird locker gefüllt, zugenäht, in Gänsefett gebraten. Er wird während des Erkaltens mit einem leicht beschwerten Brettchen bedeckt und ergibt einen vorzüglichen Aufschnitt.

Gänseschmalz.

Die Flomen geben das beste Schmalz, aber auch das Darmfett ist brauchbar. Es wird in kaltem Wasser gewaschen und über Nacht in ent-rahmte Milch oder Wasser gelegt. Man schneidet es in feine Würfel und setzt es mit wenig Wasser an, es muß langsam in offener Pfanne ausbraten. Wenn die Grieben gelb sind, ist das Schmalz fertig. Man gießt es durch ein feines Sieb in vorgewärmte kleine Steintöpfe.

Gänseschmalz kann man gut als Aufstrich verwenden oder zum Schmoren von Braunkohl.

Veränderung: Man kann 1—2 Äpfel oder Zwiebeln mitkochen lassen. Soll das Schmalz fester werden, setzt man Schweine- oder Nierenfett zu.

Die Ente.

Man richte sich nach den für die Zubereitung der Gans gegebenen Rezepten.

1 Ente reicht für 5—7 Per...

Im Fisch, und zwar...
eiweißhaltiges Nahrun...
weiten Kreisen unsere...
erkannt wird. Der ei...
Schlachttiere, und d...
das von unserem...
gehören Fische zu...
Nahrungsmitteln...
von Hering, La...
Phosphor, Ei...
Seefische sind...
und allgemein...
Hering, auch...
das vitamin...
Dorsches...
Die...
der F...
die...
voll...
in E...
auf den Tisch zu bringen,
zugleich Arbeit und Brot g...

...ten.

...rsonen)
1 l Wasser,
1 Zwiebel,
10 g „Gustin".

Die nach Vorschrift vorbereitete, gut... das Braten von fettem Fleisch im... n mit Salz eingerieben. Sie kann... Beifuß oder Majoran als Würze... Füllung, wird sie kurz vor der... zugenäht. Man legt sie mit der... und übergießt sie mit ½ l kochendem... ofen geschoben und unter fleißigem... as Fett austritt. Nach einer Stunde... und knusprig wird. Das heraus-... Bedarf gießt man von der Seite... ertelstunde darf man die Gans nicht... rt und kroß wird, spritzt man kaltes...

Die Keulen leicht eindrücken lassen), so... und gießt alles Fett aus der Pfanne... ser losgekocht, mit kalt angerührtem... nd durch ein Sieb gegeben. Rotkohl... pfelmus sind passende Beilagen.

...entfernt.
...e Äpfel, mit 500 g vorgeweichten, ent-...Zucker und Semmelmehl gemischt. ...schnittene Pellkartoffeln, mit Salz, Pfeffer... eingehacktem Magen und Herz vermischt. ...n und Haut befreit und halbweich ge-...mischt.

...änseklein.
Wurzelwerk,
¾ l helle Grundsoße (S. 40),
1 Eßl. gehackte Petersilie.

...n Kopf, Hals, Flügel, Magen, Herz und... ht und enthäutet werden. Nachdem das... rd es mit kochendem Wasser, Wurzelwerk... ekocht. ...eine helle Grundsoße, schmeckt sie nach Peter-... vor dem Anrichten auch die gehackte Peter-... oder Brühreis dazu. ...n durch Fleisch- oder Semmelklößchen, die..., das Gericht verlängern.

...se-Schwarzsauer.
Kartoffelklöße (S. 117),
Gänseblut,
10 g Mehl,
Essig, Zucker.

...t kochendem Wasser, Salz, Majoran und... eich ist, nimmt man es aus der Brühe und gibt... ich hinein, nach einiger Zeit, verdickt man die... . Wenn auch diese gar sind, und schmeckt... man mit dem Mehl verquirlt hat, und schmeckt... er ab. Sie muß angenehm süß-sauer schmecken... löße in eine Schüssel und gibt die Soße darüber.

gesetzt neue Ernährungslehren verkündet wurden, die sich z. T. widersprachen und denen der Laie nicht zu entnehmen vermochte, was lediglich Theorie oder gar Phantasiegebilde und was Wahrheit ist. Es ist nun nicht unsere Aufgabe, auf die in ernährungswissenschaftlichen Forschungsergebnissen niedergelegten Ansichten einzugehen oder auch nur die interessanten experimentellen Arbeiten in ihren Schlussfolgerungen zu verfolgen, sondern unsere Aufgabe soll darin bestehen, eine gewisse Mittellinie aus den Ergebnissen aufzuzeigen und anhand dieser den Weg zu einer tunlichst vernünftigen und naturgemäßen Ernährung zu weisen." (5)

Für jeden die richtige Ernährung

Trotz Gleichschaltung und Beschwörung der Volksgemeinschaft dürfen auch im Dritten Reich Unterschiede sein. Beim Kochen muss die saisonale und regionale Warenvielfalt genutzt werden; außerdem sollen die individuellen Bedürfnisse entsprechend dem Kalorienverbrauch berücksichtigt werden: „Eine solche Ernährung muß möglichst zwei Aufgaben gerecht werden. Einmal sind grundsätzlich die gegebenen klimatischen und Bodenverhältnisse in unserem Vaterlande zu berücksichtigen, und zum anderen ist es klar, daß der Einzelmensch nach seiner Art und Beschäftigung (z. B. ob Schwerarbeit oder sitzende Lebensweise) Unterschiede wird obwalten lassen müssen. Die Leistungsfähigkeit muß gewährleistet sein. Eines schickt sich auch hier nicht für alle. Auf jeden Fall sollte dahin gestrebt werden, die Ernährung einfach, naturgemäß, preiswert und doch abwechslungsreich zu gestalten." (5)

Vorsorgen – auch für schlechte Zeiten

Die Zusammenstellung der Speisen wird nicht einfacher in den 30er Jahren. Abhängig von den Lebensumständen und dem Wohnort müssen Gerichte preiswert, schnell, vegetarisch oder aus Resten zubereitet sein. Hier bietet das Dr. Oetker Schulkochbuch die passende Hilfe:

- **Erleichterungen für die Aufstellung des Speisezettels**
- **Haltbarmachen von Obst und Gemüse durch Einkochen, Einmachen, Einlegen, Einsalzen oder Dörren**
- **Tipps für Reinigungsarbeiten im Haushalt**

Eintopfgerichte und mehr Getreide

In dem Jahrzehnt nach dem Erscheinen des Schulkochbuchs von 1927 haben sich die landwirtschaftlichen Produktionsbedingungen und der Außenhandel Deutschlands stark verändert. Politisch gewollte Autarkie erforderte die Konzentration auf heimische Produkte und möglichst attraktive Alternativen zum Fleischkonsum. Das spiegelt auch die Rezeptauswahl im überarbeiteten Dr. Oetker Schulkochbuch von 1937 wider: Neu aufgenommen werden viele Eintopfgerichte und ein spezielles Kapitel für „Gerichte aus Getreideerzeugnissen" – beispielsweise mit Buchweizengrütze, Risotto oder Grünkernringen. Aber es muss nicht immer vegetarisch sein: Rezepte zur Zubereitung von Fischauflauf mit Makkaroni oder einem Eintopf mit „Westfälischem Blindhuhn" sind auch vorhanden. Verarbeitet wird nach Möglichkeit fast alles – das zeigt das Rezept für den „Gefüllten Gänsehals":

„Man zieht vom Hals, nachdem man den Kopf abgeschnitten hat, die dicke Fetthaut ab, ohne sie zu zerreißen, und näht sie an einem Ende zu. Aus der feingewiegten Gänseleber (man kann auch Herz und Magen mit verwenden), dem feingehackten Schweinefleisch, Zwiebel, Ei, Salz und Pfeffer macht man eine Füllung, zu der man auch 3 Eßl. feingewiegte Pilze geben kann. Der Hals wird locker gefüllt, zugenäht, in kochendes Salzwasser gegeben und 30 Minuten gekocht oder in Gänsefett gebraten. Er wird während des Erkaltens mit einem leicht beschwerten Brettchen bedeckt und ergibt einen vorzüglichen Aufschnitt."

1940er

Krieg, Trümmerfrauen und CARE-Pakete

Albtraum und Wiederaufbau

Totaler Krieg bis zum bitteren Ende

Die Nazidiktatur treibt Deutschland in den Krieg und stürzt einen ganzen Kontinent ins Unglück. Das Dritte Reich kämpft einen letztlich aussichtslosen Kampf an allen Fronten; der Antisemitismus fordert darüber hinaus Millionen Opfer unter den Juden aus ganz Europa. Mit der Kapitulation im Mai 1945 ist der Schrecken vorbei, die Not aber bleibt. Die Aufteilung Deutschlands und Berlins in Besatzungszonen lässt unterschiedliche Lebensbedingungen in Ost und West entstehen.

Stunde null und Währungsreform

Das Leben geht weiter – auch wenn Deutschland am Boden liegt. Die Stunde null ist der Beginn eines Wirtschaftsaufschwungs, von dem aber in den ersten Jahren wenig zu spüren ist. Viele Männer sind noch in Gefangenschaft und die Trümmerfrauen leisten alleine enorme Anstrengungen für den Wiederaufbau. Nach der Währungsreform 1948 wird die Versorgungslage besser und mit den Arbeiten am Grundgesetz wird der Grundstein für eine demokratische Entwicklung

gelegt – allerdings nur in den westlichen Besatzungszonen, aus denen die Bundesrepublik Deutschland hervorgeht. 1949 wird der erste Deutsche Bundestag gewählt, Kanzler wird Konrad Adenauer. Die sowjetische Zone vollzieht die Spaltung des Landes unter dem Einfluss der UdSSR mit der Gründung der DDR. Der Ost-West-Konflikt wird zunehmend zum Kalten Krieg.

Technische Visionen werden Wirklichkeit

Ein weitreichender digitaler Meilenstein der 40er Jahre ist der Z3. So heißt der von dem deutschen Ingenieur Konrad Zuse 1941 erfundene erste frei programmierbare Computer der Welt. Aus Deutschland kommt auch der erste Düsenjäger: Die Messerschmitt Me 262 ist ein Militärflugzeug mit Strahltriebwerken; es wird kurz vor Kriegsende von den Nazis noch für Luftangriffe genutzt. Auch neu: Fotos können in Sekundenschnelle mit der 1948 in den USA vorgestellten Polaroidkamera gemacht werden. Und ein italienischer Motorroller bietet neue Möglichkeiten der Mobilität – die Vespa erobert auch den deutschen Markt.

Atomenergie, Nuklearwaffen und Bikini

Der deutsche Wissenschaftler Otto Hahn wird 1944 für seine Forschungen zur Spaltung schwerer Atomkerne mit dem Nobelpreis für Chemie ausgezeichnet. Die Nutzung der Kernenergie ist für friedliche Zwecke gedacht, eine militärische Nutzung aber ist nicht zu verhindern: Die Atombombenabwürfe der USA auf die japanischen Städte Hiroshima und Nagasaki beenden den Zweiten Weltkrieg und fordern Hunderttausende Opfer. Gleichzeitig lösen sie eine weltweite Diskussion über die ethische Verantwortung von Nuklearwaffeneinsätzen insbesondere gegen zivile Ziele aus. Der Name einer der Marshallinseln im Pazifik, die von den USA als Testgebiet für Atomwaffen genutzt werden, geht mit einer ganz anderen Bedeutung um die Welt: 1946 wird in Paris der Bikini als zweiteilige Badebekleidung für Frauen vorgestellt. Das löst zunächst einen Skandal aus, tut aber seinem modischen Siegeszug keinen wirklichen Abbruch.

„Lili Marleen"

Gerade in schwierigen Zeiten kommt der Musik eine besondere Bedeutung zu. Lieder und Melodien können ablenken, Erinnerungen wachrufen oder Sehnsüchte ausdrücken. „Wir machen Musik" von Ilse Werner spricht mit der Zeile „... und wenn der ganze Schnee verbrennt, die Asche bleibt uns doch" das aus, was sonst nicht offen gesagt werden kann. Auch Zarah Leander trifft mit „Davon geht die Welt nicht unter" oder „Ich weiß, es wird einmal ein Wunder gescheh'n" die Stimmung ebenso wie Lale Andersen mit „Es geht alles vorüber, es geht alles vorbei". Ihre Interpretation macht ein Lied zum klassischen Soldatenlied des Zweiten Weltkrieges: „Lili Marleen" wird ab 1941 jeden Abend vor den letzten Nachrichten des Mittelwellensenders Radio Belgrad gespielt und von deutschen wie alliierten Soldaten gesungen. Nach Kriegsende bringt der Kölner Komponist Karl Berbuer die Lage in dem in Besatzungszonen aufgeteilten Deutschland musikalisch auf den Punkt: „Wir sind

die Einwohner von Trizonesien." Und dort kehrt langsam wieder Normalität und Lebensfreude ein – Theo Lingen besingt 1949 mit seinem „Theodor im Fußballtor" die Heldentaten des Schlussmanns im Spiel „Schienbein 04" gegen „Meniskus Kickers".

„Casablanca", „Feuerzangenbowle" und „Der dritte Mann"

Die Filme der 40er Jahre sind der Spiegel des Zeitgeschehens: Den Größenwahn des Dritten Reichs parodiert die Charlie-Chaplin-Filmsatire „Der große Diktator". Ein anderer Klassiker endet mit dem Satz: „Ich glaube, dies ist der Beginn einer wunderbaren Freundschaft." „Casablanca" aus dem Jahr 1942 mit Humphrey Bogart und Ingrid Bergman spielt im Zweiten Weltkrieg in Frankreich und Nordafrika. Publikumsmagnet in Deutschland ist 1944 die „Feuerzangenbowle" mit Heinz Rühmann, mit der die Zuschauer für einen Moment in die viel zitierte „gute, alte Zeit" flüchten können. Abbild der Realität ist dagegen „Der dritte Mann" von Orson Welles, der als düsterer Schwarzmarktthriller an Originalschauplätzen im besetzten und geteilten Wien gedreht wird und dessen Erkennungszeichen die mit einer Zither gespielte Titelmelodie ist. Es kann aber auch wieder gelacht und gefeiert werden nach Kriegsende: 1949 findet in Köln erstmals wieder ein Rosenmontagszug statt. Sein Motto ist ein Abbild der Stimmung in den ersten Jahren des Wiederaufbaus: „Mir sin widder do un dunn, wat mer künne." – „Wir sind wieder da und tun, was wir können." Die Menschen haben wieder Mut und blicken nach vorne – die meisten mit einer weniger pessimistischen Sicht als George Orwell in seinem 1949 vorgestellten Buch „1984".

„Fringsen" und Rosinenbomber

Überleben an der „Heimatfront"

Rationierungen von Nahrungsmitteln und die geforderte Lebensmittelversorgung aus heimischen Produkten machen das Überleben im Krieg zu einer täglichen Herausforderung, der oft nur mit einer Nutzbepflanzung von Ziergärten begegnet werden kann. Der Erfindungsreichtum der Hausfrauen ist entscheidend, wenn es darum geht, Alternativprodukte wie Kokosfett statt Butter zu benutzen, Brotsuppe zu kochen oder Ersatzkaffee aus Bucheckern herzustellen. Wild wachsende Kräuter, rohe Gemüse oder Brotsuppe müssen die Ernährung sichern. Dazu kommen die staatlichen Appelle, den Energieverbrauch zu senken, mit Losungen wie „Gas sparen heißt Waffen schmieden". Ungeahnte Schwierigkeiten treten auf, wenn zusätzlich noch Naturereignisse wie Kartoffelkäferplagen wertvolle Ressourcen vernichten.

Ein kritischer Moment bei der Hamsterfahrt.

Militärische Hamsterpatrouillen kontrollieren die Hamsterer.

Lebensmittelmarken und Hamsterfahrten

Deutschland liegt nach Kriegsende in Trümmern und kann sich nur mit Hilfe von außen mit Lebensmitteln versorgen. Große Mengen Getreide und Kartoffeln liefern die Alliierten. Da die zugeteilten Rationen niedrig sind, blüht der Schwarzhandel und gerade die Stadtbevölkerung unternimmt Hamsterfahrten, um notwendige Lebensmittel auf dem Land zu „organisieren". Besonders im Hungerwinter 1946/47, dem kältesten seit 100 Jahren, fehlt es sowohl an Nahrung wie auch an Heizmaterialien. Legendär werden sollte die Silvesterpredigt des Kölner Erzbischofs Josef Kardinal Frings von 1946, in der er Verständnis dafür zeigt, wenn Menschen sich aus Not das nehmen, was zur Erhaltung ihres Lebens und ihrer Gesundheit notwendig ist. „Fringsen" wird ein fester Begriff und rechtfertigt manchen Kohlenklau oder das Aufsammeln der „vom Zug gefallenen" Lebensmittel.

CARE-Pakete, Luftbrücke und Marshallplan

Die Trümmerfrauen räumen nicht nur den Schutt zerstörter Häuser weg, sie machen dabei manchmal aus der Not auch eine Tugend und stellen aus alten Granatenhülsen provisorische Kochtöpfe her. Gemeinschaftsküchen lindern den Hunger der Menschen; Ausgebombte kochen auf Notherden aus Ziegelsteinen und Rosten. Private Hilfsorganisationen leisten wertvolle Unterstützung. Millionen CARE-Pakete (Cooperative for American Remittances to Europe) mit Lebensmitteln aus Armeebeständen kommen aus den USA nach Deutschland, Österreich und in andere europäische Staaten. Im Juni 1948 ist mit der Währungsreform in den drei Westzonen die Zeit der Rationierung vorbei. Das Warenangebot vergrößert sich dort rasch; endlich können sich die Menschen wieder einmal satt essen. Anders ist die Lage in Berlin. Die sowjetische Besatzungsmacht sperrt nach der Währungsreform sämtliche Straßen- und Eisenbahnverbindungen dorthin. Während der Berlin-Blockade von Juni 1948 bis Mai 1949 kann die Stadt nur aus der Luft mit Flugzeugen der Westalliierten versorgt werden – vor allem mit Lebensmitteln, Kohle und Medikamenten. Speziell für die Berliner Kinder werden tonnenweise Süßigkeiten und Rosinen abgeworfen, daher der Name Rosinenbomber für die Hilfsflugzeuge der Briten und Amerikaner. Der Marshallplan, ein milliardenschweres wirtschaftliches Aufbauprogramm der USA für Westeuropa, liefert neben Krediten und Rohstoffen auch Waren, darunter Lebensmittel.

Staatliche Planung versus Eigeninitiative

Die Teilung Deutschlands vollzieht sich Schritt für Schritt. In der Sowjetischen Besatzungszone und späteren DDR müssen die Menschen ohne Hilfsleistungen überleben. Sie sind auf die 1948 gegründete staatliche Handelsorganisation HO angewiesen, die die Bevölkerung nach zentralen Vorgaben mit Gebrauchsgütern und Lebensmitteln versorgt. In Westdeutschland und den Westsektoren Berlins entwickelt sich die Marktwirtschaft, die Raum für kreative Ideen lässt. Die jeweilige Besatzungsmacht prägt in ihrer Zone den Alltag auch bei der Ernährung. Amerikanische GIs bringen Kaugummis nach Deutschland und ihre Sehnsucht nach dem heimischen Ketchup bringt Würstchenverkäufer in Berlin auf eine bahnbrechende Idee: Sie rühren unter anderem aus Tomatenmark, Worcestersauce und Currypulver eine neue Mischung zusammen – die Currywurst ist geboren.

Schulkochbuch 1943: „Falsche Schokoladensuppe"

Schulkochbuch als treuer Begleiter

Das Dr. Oetker Schulkochbuch von 1937 wird in immer wieder neuen Auflagen gedruckt und ist auch in den 40er Jahren das Standardwerk für die deutsche Hausfrau, deren Improvisationstalent zunehmend gefragt ist. Vor allem die Rezepte für die Herstellung von Ersatzspeisen wie Kohlrabischnitzel oder Graupenbratlingen treffen die Versorgungslage im Krieg und der unmittelbaren Nachkriegszeit. Beliebt ist auch die „Falsche Schokoladensuppe", in der auf 50 Gramm Mehl lediglich 10 Gramm Kakao kommen:

„Das Mehl wird trocken in der Pfanne geröstet, bis es braun wird. Ist es abgekühlt, rührt man es mit Kakao und einem Teil der Milch glatt, gibt es in die kochende Milch und läßt es quellen. Mit Zucker, Salz und Vanillinzucker abschmecken."

Führungswechsel bei Dr. Oetker

Noch während des Zweiten Weltkriegs werden langfristige Weichen für die Zukunft gestellt: Rudolf-August Oetker, der Enkel des Firmengründers, tritt 1941 als geschäftsführender Gesellschafter in die Firma ein und steht nach dem Tod seines Stiefvaters Dr. Richard Kaselowsky im Jahr 1944 an der Spitze des Unternehmens. Nach dem Krieg beginnt der Wiederaufbau, neue Märkte werden erschlossen und schrittweise weitere Sortimente eingeführt – der erste Schritt zur Entstehung der Oetker-Gruppe ist getan.

Milchreissuppe

wird hergestellt wie Milchgrießsuppe (S. 31).
Veränderung: An Stelle von Reis kann man 40 g Sago nehmen.
Kochzeit 30 Minuten.

Haferflockensuppe.

1 l Milch,
40 g Haferflocken,
1 Prise Salz,
20 g Butter.

Man gibt die Haferflocken in die kochende Milch und läßt sie bei mäßiger Hitze quellen. Vor dem Anrichten salzen und mit einem Stück Butter würzen.
Kochzeit 20—30 Minuten.

Schokoladensuppe.

1 l Milch,
80—100 g Bruchschokolade,
20 g "Gustin",
Zucker nach Geschmack,
1 Päckchen Dr. Oetker's Vanillin-zucker.

Man bringt die Milch mit der geriebenen Schokolade zum Kochen, gibt das kalt angerührte "Gustin" hinein und läßt es aufkochen. Mit Zucker und Vanillinzucker abschmecken und evtl. mit Schneeklößen oder feinen Suppenmakronen anrichten.
Veränderung: Statt Schokolade kann man 30—40 g Kakao nehmen. Man kann die Suppe auch als Kaltschale reichen und vor dem Aufgeben 1/8 l geschlagene Sahne unterrühren.
Kochzeit 1—2 Minuten.

Schokoladensuppe mit Puddingpulver.

1 1/2 l Milch (davon 6 Eßl. zum Anrühren),
75 g Zucker,
1 Päckchen "Gala" oder Dr. Oetker's Schokoladen-Pudding-pulver.

In die mit dem Zucker aufgekochte Milch gibt man das kalt angerührte Puddingpulver und läßt die Suppe einige Male aufkochen.
Veränderung: Mit dem Puddingpulver kann man 2—3 Teel. Kakao anrühren. Die Suppe kann auch als Kaltschale gereicht werden.

Falsche Schokoladensuppe.

50 g Mehl,
10 g Kakao,
1 l Milch,
30—40 g Zucker,
1 Prise Salz,
1 Päckchen Dr. Oetker's Vanillin-zucker.

Das Mehl wird trocken in der Pfanne geröstet, bis es braun ist. Ist es abgekühlt, rührt man es mit Kakao und einem Teil der Milch glatt, gibt es in die kochende Milch und läßt es quellen. Mit Zucker, Salz und Vanillinzucker abschmecken.
Kochzeit 10 Minuten.

Buttermilchsuppe.

1 l Buttermilch,
40 g Mehl,
1 Prise Salz,
20—30 g Zucker,
Schwarzbrotwürfel.

Man rührt das Mehl mit einem Teil der Milch im Topf an, gibt die übrige Milch dazu und läßt die Suppe unter Rühren oder Schlagen mit dem Schneebesen aufkochen. Man schmeckt sie mit Salz und Zucker ab und richtet sie mit Schwarzbrotwürfeln an. Man kann sie durch 2 Eßl. süße Sahne verfeinern.
Veränderung: Statt des Mehls kann man 20 g "Gustin" verwenden.

Buttermilchkaltschale.

1 l Buttermilch,
1 Zitronenscheibe,
50 g gerieb. Schwarzbrot,
30 g gequollene Korinthen,
50 g Zucker.

Alle Zutaten werden gut verquirlt. Die Suppe wird abgeschmeckt und kalt gestellt.

32

Dickmilchkaltschale.

1 l dicke Milch,
100 g Zucker,
1/2 Teel. 3...
50 g gerieb...

Dicke Milch und Zucker werden schaumig ge... und geriebenem Schwarzbrot vermischt.

II. Wassersuppen.

Wassergrießsuppe mit Korin...

1 l Wasser,
1 Stück Zitronenschale,
50 g Grieß,
30 g...
1 Pri...
20 g...

Man streut den Grieß unter Rühren in die... läßt ihn mit den gewaschenen Korinthen langsa... und Zucker abschmecken.
Kochzeit 10—15 Minuten.

Süße Reissuppe.

Herstellung wie Wassergrießsuppe (s. oben).
50 g Reis, statt der Korinthen kann man Rosin...
Kochzeit 30 Minuten.

Sagokaltschale.

(Für 6 Personen)
1 Päck...
1 1/2 l Wasser,
100 g Zucker,
Grie...

Wasser und Zucker werden unter Rühr... 8—10 Minuten langsam gekocht. Nachdem... ist, wird der Inhalt des kleinen Beutels und d...
Veränderung: Man kann 1 Teil des... den man aber erst nach dem Kochen hinzufüg... warm gereicht werden.

Hafergrützsuppe mit...

1 l Wasser,
1 Stück Zitronenschale,
50 g Hafergrütze,
2—3 Äpfel,
30 g Korinthen,
10...
D...
1 5...
20...

Die Hafergrütze wird mit Wasser, Zit... geschnittenen Äpfeln aufgesetzt und weich... Sieb und kocht sie mit den gewaschenen S... deln, Salz und Zucker fertig.
Kochzeit 1 Stunde.

Haferschleim (Gerstenschle...

1 l Wasser,
50 g Haferflocken, Gerstengraupen ode...

Die Haferflocken (Graupen, Reis), zum Quellen gebracht, durchgerührt und...
Veränderung: Man kann ein... 1 Eigelb abziehen, mit Rotwein und 3... und Gemüsesäfte hineingeben (Diät).

Graupensuppe mi...

1 l Wasser,
10 g Butter,
50 g Graupen,

Die Graupen werden mit dem 5... gegeben hat, angesetzt und fast weich... geweichten Pflaumen, Zucker und Sa...
Kochzeit 1 Stunde.

3

1950er

Toast Hawaii, Italien und Wirtschaftswunde

Kalter Krieg und heiße Rhythmen

Wirtschaftswunder – nicht für alle Deutschen

Die Welt bleibt nicht lange friedlich: Der Koreakrieg entfacht internationale Spannungen und der Ost-West-Konflikt verschärft sich zusehends in den 50ern. Die beiden deutschen Staaten gehen ganz unterschiedliche Wege auf der jeweiligen Seite des Eisernen Vorhangs. Die Gründung der Bundeswehr und der Nationalen Volksarmee vergrößert die Distanz ebenso wie die Aufnahme in die NATO und den Warschauer Pakt. Blutiger Höhepunkt der innerdeutschen Spaltung ist der gewaltsam niedergeschlagene Aufstand vom 17. Juni 1953 in Ostberlin und Hunderten anderen Orten der DDR, verursacht durch die Unzufriedenheit der Bevölkerung mit der Erhöhung der Arbeitsnormen und der Versorgungslage. Während sich die Situation im Osten verschärft, bleibt im Westen Kanzler Adenauer die treibende Kraft der Westintegration des Landes, eines raschen wirtschaftlichen Wiederaufbaus und der Integration von Millionen Flüchtlingen.

Der CDU-Wahlslogan „Keine Experimente" trifft die Stimmung der Menschen, die nach Jahren der Entbehrung wieder beginnen wollen, das Leben zu genießen. Aber sie leisten auch viel: Zehn Jahre nach Kriegsende gehört Deutschland wieder zu den führenden Industrienationen der Welt.

„Wir sind wieder wer" – Fußballweltmeister 1954

„Aus dem Hintergrund müsste Rahn schießen – Rahn schießt – Tooooor! Tooooor! Tooooor! Tooooor!" Der Radiokommentar Herbert Zimmermanns in der Schlussphase des WM-Finales im Juli 1954 in Bern elektrisiert die Zuhörer. Das Unfassbare geschieht: Der krasse Außenseiter Deutschland gewinnt das Endspiel gegen die haushohen Favoriten aus Ungarn und wird Fußball-Weltmeister. Das „Wunder von Bern" wirkt wie eine kollektive Befreiung – „wir sind wieder wer". Die Prämien sind bescheiden: Jeder Spieler bekommt für den Titelgewinn 1.000 Mark, einen Goggomobil-Motorroller und einen Fernseher; aber was ist das schon gegen die Millionen jubelnder Menschen entlang der Bahnstrecke auf dem Weg nach München zum offiziellen Empfang? Die Elf von Trainer Sepp Herberger setzt mit ihrem Sieg ein unvergessliches Zeichen des Aufbruchs und geht in die Geschichte ein.

Spitzenleistungen auf der Erde sind vor allem die Herstellung des millionsten VW Käfer und die Verbreitung des 1952 gestarteten Fernsehens in immer mehr Haushalte. Dauerbrenner wie die „Tagesschau" oder der „Internationale Frühschoppen" werden zu festen Größen im Tages- oder Wochenablauf. Für mehr als ein Jahrzehnt sollte es zunächst bei einem Fernsehprogramm bleiben.

Rekorde auf der Erde und Vorstoß ins All

Ob Transistorradio, BMW Isetta oder der als „Schneewittchensarg" bekannte Messerschmitt Kabinenroller – viele Erfolgsprodukte der 50er beruhen auf dem wachsenden technischen Fortschritt. Auch die DDR präsentiert einen eigenen Kleinwagen: Der Trabant wird ab 1957 gebaut; die Wartezeiten sind wegen der zu geringen Stückzahlen allerdings sehr lang. Neue Sphären werden erreicht: sowohl mit der 1953 gelungenen Erstbesteigung des Mount Everest durch den neuseeländischen Bergsteiger Edmund Hillary als auch mit dem Flug des ersten künstlichen Erdsatelliten „Sputnik" im All von 1957. Technische

Illustrierte **Film-Bühne**

Nr. 3548

HERZOG FILMVERLE

SISSI
DIE JUNGE KAISERIN
EIN FARBFILM IN AGFACOLOR

Gesellschaft zwischen „Sünderin" und „Sissi"

Den ersten kulturellen Skandal der 50er löst der Film „Die Sünderin" mit Hildegard Knef aus. Die Thematisierung von Prostitution und Sterbehilfe sowie eine nur Sekunden dauernde Nacktszene sind zu viel – Aufführungsverbote und erbitterte Debatten machen ihn allerdings erst recht zu einem Publikumserfolg. Eine der erfolgreichsten deutschsprachigen Filmproduktionen stammt auch aus den 50ern: Die „Sissi"-Trilogie befriedigt das Bedürfnis nach einer heilen Welt voller Romantik und Heimatflair. Deutlich handfester ist ein anderer cineastischer Meilenstein: „12 Uhr mittags" mit Gary Cooper und Grace Kelly wird zum Inbegriff des klassischen amerikanischen Westerns.

Milchbars, Petticoats und Nierentische

Die Sehnsucht nach einer heilen Welt wird nicht von allen geteilt; viele Jugendliche wollen Spaß und rebellieren gegen die gesellschaftlichen Konventionen. Vespas machen mobil, Hula-Hoop-Reifen sorgen für Fitness, Milchbars sind die neuen Treffpunkte und Musikboxen liefern das, was die Revolte anheizt: Rock 'n' Roll ist die körperbetonte Musik der Zeit. Dazu passen die „Elvis-Tolle" und Lederjacken bei den Männern und Petticoats, Caprihosen und Ballerinas bei den Frauen. James Dean und Elvis Presley sind die neuen Idole. Der „Aufstand" in den deutschen Wohnzimmern ist durchaus friedlicher: Nierentische, Tulpenlampen und helle Pastelltöne ersetzen dunkle Eichenmöbel.

„Wenn bei Capri die rote Sonne im Meer versinkt"

Direkt am Anfang des Jahrzehnts trägt Rudi Schuricke zur Italiensehnsucht der Deutschen bei: Die „Capri-Fischer" sind das Symbol für erreichbare Exotik, wie sie auch in den Seemannsliedern von Freddy Quinn besungen wird, der mit „Die Gitarre und das Meer" das Fernweh schürt. Für viele bleibt es erst einmal beim Schwimmbad um die Ecke; die kleine Cornelia Froboess ermuntert die Berliner 1951 mit „Pack' die Badehose ein" zum Ausflug an den Wannsee. Aber es werden auch raue Töne angeschlagen – der Rock 'n' Roll erreicht Deutschland: Bill Haleys „Rock around the clock" drückt das Lebensgefühl der Halbstarken aus, wie die jungen Rebellen nach einem Kinofilm mit Horst Buchholz von 1956 gerne genannt werden. Sie sorgen für öffentliches Aufsehen, familiäre Auseinandersetzungen und Krawalle bei Konzerten.

Fliegenpilze und Bananenmilch

Am liebsten jeden Tag Fleisch – nur nicht freitags

Der Nachholbedarf ist enorm: Die Deutschen sehnen sich nach den Entbehrungen der Kriegsjahre nach gutem Essen. Und gut ist in den 50ern nicht unbedingt immer gesund, aber vor allem viel. Nach der Abschaffung der Lebensmittelmarken 1950 wird die Versorgungslage im Westen immer besser. Es wird abwechslungsreicher gekocht und von Hausmannskost wie Kohlrouladen und Königsberger Klopsen bis zu außergewöhnlicheren Gerichten von gefüllten Paprikaschoten bis zu Osso buco vieles ausprobiert. Ob Kalbshaxen, Specksoßen oder Buttercremetorten – kalorienbewusste Gerichte entsprechen nicht dem Zeitgeist. Vielmehr ist ein wohlgenährter Körper der deutlich sichtbare Ausdruck von Wohlstand. Vor allem Fleisch ist ein wesentlicher Bestandteil der warmen Mahlzeiten. Viele erinnern sich heute noch an die Ermahnung aus der Kindheit: „Iss doch wenigstens das Fleisch" – schließlich hat man darauf lange genug verzichten müssen. Der Wochenplan ist klar geregelt: Freitags gibt es vor allem in katholischen Gegenden Fisch, samstags Eintopf und sonntags einen schönen Braten. Im Osten ist die Situation ganz anders: Hier endet die Rationierung der Lebensmittel erst 1958 und die Versorgung der Menschen bleibt schwierig, was viele Bürger auch veranlasst, die DDR zu verlassen.

Kampf am kalten Buffet um Gurkenschiffchen und Fliegenpilze

Der Erfindungsreichtum von Köchen, Gastronomen und Hausfrauen scheint unerschöpflich: Schinkenröllchen mit Spargel, Käseigel oder kunstvolle Schnittchen mit Mayonnaise bereichern nicht nur die normalen Mahlzeiten, sondern sind auch fester Bestandteil von Partys in der Kellerbar oder Familienfesten, bei denen dann beeindruckende kalte Buffets aufgebaut werden. Die „Fresswelle" ist in vollem Gang. Es geht nicht mehr ums Überleben, sondern ums Erleben. Die Verbreitung des Fernsehens als Massenmedium bietet ganz neue Möglichkeiten: 1953 kommt der erste deutsche Fernsehkoch auf den Bildschirm. Seine unterhaltsamen Sendungen mit oft sehr außergewöhnlichen Rezepten sind richtige Straßenfeger. Was macht es da schon, dass Clemens Wilmenrod weder Koch ist noch wirklich so heißt – Hauptsache, er sorgt für neuen Schwung in den deutschen Küchen.

„Torero-Frühstück" und „Arabisches Reiterfleisch"

Clemens Wilmenrod heißt eigentlich Carl Clemens Hahn und ist ein arbeitsloser Schauspieler. Kochen kann er nicht, aber er kann reden. Und er hat Fantasie. Ab Februar 1953 begrüßt er am Freitagabend die Zuschauer mit „meine lieben, goldigen Menschen" und

präsentiert eine Viertelstunde lang seine Kreationen. Exotische Namen und frei erfundene Reiseabenteuer machen aus gemischtem Hackfleisch mit Gurken, Äpfeln und Eiern das „Arabische Reiterfleisch"; ein in der Pfanne einseitig gebratener Toast mit Leberwurst, Tomaten, Zwiebeln und Spiegelei schmeckt doch viel besser, wenn er „Torero-Frühstück" heißt. Nimmt man stattdessen Schinken, Käse und Ananas als Belag, wird daraus der legendäre „Toast Hawaii". Auch im Osten strahlt man ab 1958 eine Kochsendung aus. DDR-Fernsehkoch Kurt Drummer hat im Gegensatz zu Wilmenrod seinen Beruf gelernt, ist aber nicht halb so unterhaltsam. Seine Gerichte wie „Sorbische Schälchen" oder „Ungarische Eierplatte" müssen allerdings auch unbedingt die Versorgungssituation in allen Regionen Ostdeutschlands berücksichtigen. Gibt es einen momentanen Engpass bei Zutaten, wird das entsprechende Rezept nicht verwendet.

Fast Food unter dem Motto „Heute bleibt die Küche kalt"

Kurze Zubereitungszeiten bekommen zunehmende Bedeutung beim Kochen. Konserven sind der Anfang der Convenience-Angebote und bringen Klassiker wie Ravioli auf viele deutsche Tische. Ihre Verwendung ist unbedenklich, wie zweifelnden Kunden die Werbung für Sauerkraut der Firma Hengstenberg 1956 eindeutig erklärt: „Vitamine sind gerettet, wenn man sie in Dosen bettet." Auch die Gastronomie verändert sich; der Schnellimbiss gehört immer öfter zum Straßenbild. Wenn es schnell, aber trotzdem stilvoll sein soll, geht man gerne in eine 1955 in München gegründete und schnell wachsende Kette von edlen Hähnchenbratereien mit dem eindrücklichen Slogan „Heute bleibt die Küche kalt, wir gehen in den Wienerwald".

„Aufrüstung" in der Küche und die erste Pizzeria

Die wichtigste Versorgungsquelle ist in den 50ern für die Mehrheit der Hausfrauen noch der Tante-Emma-Laden um die Ecke. Erste Supermärkte verdrängen aber schon jetzt den selbstständigen Lebensmitteleinzelhändler und bieten immer mehr und immer neue Waren an. Die Lagerung und Verarbeitung verändert sich mit dem Einsatz neuer Geräte deutlich: Gas- und Elektroherde, Kühlschränke und Küchenmaschinen erleichtern die Arbeit und die Vorratshaltung enorm. Edelstahl kommt als neuer Werkstoff auch bei modernen Kücheneinrichtungen zum Einsatz. Auch die Gastronomie entwickelt sich. Das Traumland Italien rückt für die Deutschen kulinarisch langsam näher. 1952 öffnet in Würzburg die erste Pizzeria, deren Stammkunden zunächst vor allem amerikanische Soldaten sind. Durch die ersten Gastarbeiter wird der Kontakt zu anderen europäischen Küchen hergestellt und die Neugier der deutschen Konsumenten geweckt.

Diesen prächtigen Napfkuchen hat Frau Renate selbst gebacken – wie immer nach einem **DR. OETKER-REZEPT**

NEUE REZEPTE AUS DER DR. OETKER-VERSUCHSKÜCHE

Renate und ihr Osterhase

Dr. Oetker: Frau Renate wird zur Kultfigur

Die auch schon vor dem Krieg erfolgreich eingesetzten Werbewagen von Dr. Oetker rollen in den 50ern wieder durch Deutschland. Das Unternehmen setzt auf imageorientierte Werbung, wobei die Anzeigen und Plakate von knalligen Farben dominiert werden. 1953 wird erstmals eine Person in den Mittelpunkt gestellt: Frau Renate ist eine junge, tüchtige, berufstätige Frau, die sich abends und am Wochenende rührend um ihre Familie kümmert, also der Prototyp der modernen Hausfrau in den 50er und frühen 60er Jahren. Anfangs noch als Zeichenfigur entworfen, wird Frau Renate 1954 real. Eine junge Schauspielerin gibt ihr in zahlreichen Hörfunk- und Fernsehspots Gesicht und Stimme. Mit der Empfehlung „Jeden Sonntag einen Kuchen – selbst gebacken mit Backin" und dem Versprechen „Zufriedene Mienen danken es Ihnen" wird sie zur Personifizierung der Gelinggarantie in allen Dr. Oetker Werbemitteln.

ding-Pulver (Tafel …
eise mit gehackten Mandeln,

Sago Himbeer-Geschmack,

- und Zitrone-Geschmack (Tafel XII).

- und Zitrone-Geschmack (Tafel IX).

n- und Vanille-Geschmack.

stin".

egina"-Gelatine gemahlen, weiß oder rot.

Packung aufgedruckten Gebrauchsanweisung
n gereicht. Aus den Stärke-Pudding-Pulvern
herstellen, wenn man ³/₄ l Flüssigkeit nimmt;
stürzen.

die verschiedenartige Verwendungsmöglichkeit

Puddinge

ling-Pulver) und Gustin werden kalt angerührt
en.

Klümpchen bilden, nimmt man den Topf von der
och einmal kurz auf 0 aufkochen.

n in die kochende Flüssigkeit einlaufen und danach
Minuten, um gar zu werden.

fast zum Kochen gebracht, er muß auf der aus-
fe eines Zwischenrings auf Wasserdampf ausquellen.

gsmittel anrühren und aufkochen. Will man es ohne
t kalter Milch oder kaltem Wasser verquirlt, ehe
nach und nach an die heiße, nicht mehr kochende

nd erst nach dem Kochen leicht untergezogen.

dickte Puddinge, Breie oder Soßen, deren wichtigster
st, können schon während des Erkaltens oder über
gkeit verlieren, ja sogar vollkommen …
mit einem Löffel in Berührun…
hat.

Gustinpudding

¹/₂ l Milch, 50 g Zucker, 1 Päckchen
Dr. Oetker Vanillin-Zucker, 45 g Dr. Oetker
„Gustin", 6 Eßl. Wasser zum Anrühren,
1–2 Eier.

Die Milch bringt man auf Stufe 3 zum
Kochen und rührt das mit Zucker, Vanillin-Zucker, Eigelb und Wasser verquirlte
„Gustin" hinein. Danach läßt man die
Speise einmal kurz auf 0 aufkochen, unterzieht den steifgeschlagenen Eierschnee
und füllt sie in eine Glasschale oder Sturzform. Geschmortes Obst oder Fruchtsaft
wird dazugereicht. Der Pudding eignet
sich auch vorzüglich als Einlage für Obst-
suppen und Kaltschalen (Tafel IX).

Karamelpudding

100 g Zucker, ¹/₂ l Milch, 1 Päckchen Dr. Oetker Pudding-Pulver Vanille-Geschmack,
6 Eßl. Milch zum Anrühren, 1–2 Eier.

Der Zucker wird auf Stufe 3 gebräunt und darauf mit der Milch zum Kochen gebracht.
Nachdem man das mit Milch und Eigelb verquirlte Pudding-Pulver hineingerührt hat,
läßt man die Speise einmal kurz auf 0 aufkochen. Dann unterzieht man den Eierschnee
und füllt den Pudding in eine Glasschale oder Sturzform. Man reicht Sahne oder Soße aus
Dr. Oetker Soßen-Pulver Vanille-Geschmack dazu.

Tutti-frutti

375–500 g rohes, eingezuckertes oder gedünstetes Obst, Makronen oder Biskuit-
plätzchen, ¹/₂ l Milch, 50 g Zucker, 1 Päckchen Dr. Oetker Pudding-Pulver Vanille- oder
Mandel-Geschmack, 6 Eßl. Milch zum Anrühren.

Man füllt das Obst in eine Glasschale und legt das Gebäck darauf. Die Milch bringt
man auf Stufe 3 zum Kochen, gibt unter Rühren das mit Zucker und Milch glattgerührte
Pudding-Pulver hinein und läßt die Speise einmal kurz auf 0 aufkochen. Dann füllt man
sie auf das angerichtete Obst und läßt sie erkalten.

Schulkochbuch 1952: „Tutti-frutti"

Dr. Oetker Schulkochbuch: Einsetzbar unter allen Bedingungen

Seit 1950 werden die Bücher von Dr. Oetker durch
einen eigenen Verlag vertrieben, der ein breites Sor-
timent an praxisnahen und verbraucherorientierten
Büchern zum Kochen und Backen bietet. Seine frühe
und dauerhafte Präsenz auf der – damals noch in der
Paulskirche stattfindenden – Frankfurter Buchmesse
fördert den kontinuierlichen Austausch von Verlegern,
Lesern und Medien. Die rasante kulinarische Entwicklung spiegelt das Programm wider. Vom Basiswissen

bis zu internationalen Spezialitäten werden vielfältigste Rezepte erläutert; dabei findet die technische Weiterentwicklung besondere Beachtung: „Die große Bedeutung, die das Kochen und Backen mit elektrischem Strom gewonnen hat, machte es notwendig, dem sehr beliebten und weit verbreiteten Dr. Oetker Schul-Kochbuch eine besondere Ausgabe E unter dem Titel ‚Dr. Oetker Schul-Kochbuch elektrisch' an die Seite zu stellen. In Verbindung mit den bewährten Dr. Oetker Rezepten wird in dieser Ausgabe das technisch richtige und damit sparsame und wirtschaftliche Kochen gezeigt." (2)

„Hausarbeit ist Kopfarbeit"

Beim wirtschaftlichen Wiederaufbau kommt den Hausfrauen eine entscheidende Rolle zu, da sie mit der bestmöglichen Organisation des Haushaltes die Grundlage für produktive Leistungen schaffen: „Es gehört ein nicht zu geringes Maß an Kenntnis und Erfahrung dazu, um einen Haushalt nach neuzeitlichen Gesichtspunkten richtig führen zu können. Es ist aber Pflicht jeder Hausfrau, sich dies Wissen in allen Einzelheiten anzueignen; denn ein gut geführter Haushalt ist die Grundlage für die Leistungsfähigkeit des Mannes und das Gedeihen der Kinder. Hausarbeit ist Kopfarbeit; alle Arbeit soll vorher durchdacht und mit Überlegung ausgeführt werden." (13)

Technik: Erst daran gewöhnen – dann beherrschen

In der Küche ist es nicht anders wie in anderen gesellschaftlichen Bereichen, wo neue Maschinen die Arbeit erleichtern. Viele Helfer sind erst ungewohnt, dann unentbehrlich: „Es ist ein Irrtum, wenn manche Hausfrauen glauben, sie müßten auf dem elektrischen Herd ‚neu kochen lernen'... Aber man sieht keine Flamme; das macht manche Frauen zunächst etwas unsicher, da sie gewöhnt sind, nach der Stärke des Feuers die vorhandene Hitze zu beurteilen. Doch schnell überzeugen sie sich, daß eine solche Schätzung gar nicht

mehr notwendig ist, weil jeder Schalterstellung eine ganz bestimmte, immer genau gleiche Hitze entspricht, so daß man nicht mehr nachsehen muß, ‚ob es auch stimmt', sondern sich ruhig darauf verlassen kann, daß der Herd getreulich und genau das ausführen wird, was man ihm durch die Schalterstellung vorgeschrieben hat." (22)

Immer neue Möglichkeiten erfordern immer mehr Wissen

Neben den Rezepten bietet das Dr. Oetker Schulkochbuch zunehmende Informationen über gesunde Ernährung und Hinweise zum richtigen Einsatz technischer Geräte:

- **Bedienung des Elektroherds mit Kochplatten und Bratrohr**
- **Hinweise für elektrische Küchengeräte wie Heißwasserspeicher, Brotröster oder Küchenmotor**
- **Bedienung von Haushaltshelfern wie Staubsauger, Heizkissen oder Strahlkamin**
- **Ausführliche Informationen über Vitamine**

Rock ’n’ Roll in der Küche

Das auch weiterhin sehr erfolgreiche Dr. Oetker Schulkochbuch bietet Anfang der 50er Jahre bewährte Rezepte, die endlich wieder zubereitet werden können, und zahlreiche Abbildungen, die zeigen, wie die fertigen Gerichte aussehen. Auf über 300 Seiten finden sich Tipps und Tricks von der Suppe bis zur Nachspeise. „Tutti Frutti" ist eine der bekanntesten Rock ’n’ Roll-Nummern von Little Richard und hat den gleichen Namen wie ein italienischer Obstsalat – vielleicht ist deshalb beides in den 50ern so beliebt:

„Man füllt das Obst in eine Glasschale und legt das Gebäck darauf. Die Milch bringt man auf Stufe 3 zum Kochen, gibt unter Rühren das mit Zucker und Milch glattgerührte Pudding-Pulver hinein und läßt die Speise einmal kurz auf 0 aufkochen. Dann füllt man sie auf das angerichtete Obst und läßt sie erkalten."

1960er

Mauer, Fischstäbchen und Revolte

Wirtschaftswunder und Aufbruchstimmung

Gagarin, Mauerbau und Kuba-Krise

Der Anfang des Jahrzehnts steht im Zeichen des Ost-West-Konflikts. Im Wettlauf der Systeme ist der erste bemannte Raumflug des Russen Juri Gagarin eine Herausforderung für die USA. Die Fronten verhärten sich zusehends. Der Bau der Berliner Mauer im August 1961 spaltet Deutschland für lange Zeit; ein Jahr später droht mit der Kuba-Krise der Ausbruch des Dritten Weltkriegs. Während der verheerenden Sturmflut in Hamburg profiliert sich mit Helmut Schmidt ein jun-ger Politiker, der später Bundeskanzler werden sollte. Ein anderer unternimmt vergeblich einen Angriff auf die Pressefreiheit: Franz-Josef Strauß tritt nach der „Spiegel-Affäre" als Verteidigungsminister zurück.

Kennedy und Mondlandung wecken weltweit Emotionen

„Ich bin ein Berliner!" Diese Worte des amerikanischen Präsidenten John F. Kennedy vor Hunderttausenden

begeisterten Zuhörern am Schöneberger Rathaus gehen um die Welt als eindeutiges Bekenntnis zur Freiheit. Nur wenige Monate später stirbt er nach einem Mordanschlag in Dallas und mit ihm die Hoffnung auf eine schnelle politische Entspannung. Im Gegenteil – die internationale Lage verschärft sich vor allem in Asien: Der Vietnamkrieg sollte für viele Jahre auch außerhalb der USA für heftige Proteste sorgen. Zumindest in der Raumfahrt setzt Amerika im Juli 1969 ein unvergessliches Zeichen mit der Landung von „Apollo 11" auf dem Mond. „Das ist ein kleiner Schritt für einen Menschen, aber ein großer Sprung für die Menschheit!", sind die bewegenden Worte des Astronauten Neil Armstrong, weltweit von über einer halben Milliarde Zuschauer live an den Fernsehschirmen miterlebt. Auch andere Grenzen werden überwunden: Dem südafrikanischen Chirurgen Christiaan Barnard gelingt erstmals eine Herzverpflanzung. In Deutschland setzt der mit einem Wankelmotor betriebene NSU Ro 80 einen technischen Meilenstein.

Postraub, Wembley und Farbfernsehen

Die Menschen im deutschen Wirtschaftswunderland beschäftigt in der ersten Hälfte der 60er Jahre der mysteriöse Tod von Marilyn Monroe ebenso wie der spektakuläre Coup der britischen Posträuber. 1963 wird eine neue sportliche Zeit eingeläutet: Die Fußball-Bundesliga sorgt ab sofort für Spannung und damit wird die „Sportschau" am Samstag zur männlichen Pflichtveranstaltung. 1966 erleidet die deutsche Fußballwelt durch das ebenso legendäre wie umstrittene 3:2 im WM-Endspiel gegen England im Londoner Wembleystadion einen tiefen Schock. Auf der 35. Internationalen Funkausstellung in Berlin 1967 startet

Willy Brandt mit einer roten Taste – die eine Attrappe ist – medienwirksam die Ära des Farbfernsehens. Dabei geht es zunächst noch ganz bodenständig zu: Die erste komplett in Farbe ausgestrahlte Fernsehserie ist „Adrian der Tulpendieb". Zu den TV-Favoriten zählen später neben der Familie Cartwright auf der „Bonanza"-Ranch auch die erste deutsche Science-Fiction-Fernsehserie „Raumpatrouille" mit dem Raumschiff „Orion" und die Unterhaltungsshow „Einer wird gewinnen" mit Hans-Joachim Kulenkampff; ab 1969 ermittelt im inzwischen aufgebauten Zweiten Deutschen Fernsehen am Freitagabend Erik Ode als „Kommissar", der viele nach der „Tagesschau" umschalten lässt.

Lifestyle von der Carnaby Street bis Woodstock

Das Lebensgefühl in den 60ern ist geprägt durch die Abkehr von alten Rollenbildern und gesellschaftlichen Zwängen. Die Antibabypille vereinfacht ab 1960 die Schwangerschaftsverhütung, der von Mary Quant erfundene Minirock sorgt für Aufsehen und das Mager-Model Twiggy für ein neues Schönheitsideal. Zunächst kommen die wichtigsten Impulse der Swinging Sixties aus London – wer „hip" sein will, geht auf der legendären Carnaby Street im Stadtteil Soho in Mode- und Musikläden shoppen. Später erobert die von San Francisco ausgehende amerikanische Hippiebewegung mit Flower-Power-Bewusstsein auch Deutschland. Zum Symbol für ein

friedliches Miteinander avanciert das Festival von Woodstock, das für eine Generation zwischen Freiheitsdrang, Drogenkonsum und Gegenkultur zum Mythos wird. Kleidung, lange Haare und radikale Auffassungen sorgen in der deutschen Öffentlichkeit genauso wie in vielen Familien für erbitterte Diskussionen zwischen dem „Establishment" und den „Gammlern".

Zeitenwende durch Studentenbewegung und Willy Brandt

Die innenpolitisch ruhigen Zeiten von Aufschwung, Vollbeschäftigung und des durch Ludwig Erhard personifizierten Wirtschaftswunders sind vorbei. Politische Barrieren überwinden will die Studentenbewe-

„Marmor, Stein und Eisen bricht"

Beatles und Rolling Stones lösen in den 6oer Jahren Massenhysterien aus; Rock- und Popgruppen werden zu Botschaftern eines neuen Lebensgefühls. Trendsetter in den bundesdeutschen Medien ist ab 1965 der „Beatclub", die erste speziell für Jugendliche konzipierte Musiksendung. 1969 startet im ZDF die „Hitparade". Die beliebtesten Schlager des Jahrzehnts spiegeln die Vielfalt der Lebenseinstellungen wider: Die Bandbreite reicht von „Itsy Bitsy Teenie Weenie Honolulu Strandbikini" und Nana Mouskouri mit „Weiße Rosen aus Athen" bis zu Paul Kuhns „Es gibt kein Bier auf Hawaii" oder „San Francisco" von Scott McKenzie. Drafi Deutscher bereichert 1965 die Musikszene mit einem Lied, das noch Jahrzehnte später für Stimmung sorgen wird – „Marmor, Stein und Eisen bricht" ist eine zeitlose Liebeserklärung mit rauem Charme.

gung, die vor allem in Frankreich und Deutschland heftige Auseinandersetzungen auslöst. Der Tod des Studenten Benno Ohnesorg 1967 bei einer Demonstration in Berlin und die Niederschlagung des „Prager Frühlings" durch sowjetische Panzer ein Jahr später in der Tschechoslowakei spitzen die Lage weiter zu. Die 68er-Bewegung strebt eine tiefgreifende gesellschaftliche Veränderung an, wie sie die von ihr glorifizierten Helden Che Guevara oder Ho Chi Minh verkörpern. Das bleibt nicht ohne Wirkung auf die politischen Machtkonstellationen in der Bundesrepublik Deutschland: An der Spitze der sozialliberalen Koalition steht mit Kanzler Willy Brandt erstmals ein Sozialdemokrat; die seit 1949 ununterbrochen regierenden Christdemokraten gehen in die Opposition.

Tiefkühlkost und Cevapcici

Supermärkte, Plastiktüten und Tiefgekühltes

Supermärkte verdrängen die Lebensmitteleinzelhändler und Kaufhäuser werden zu Magneten der Innenstädte. Transportmittel und Werbeträger zugleich sind die 1960 eingeführten Plastiktüten. Mehr und mehr Frauen sind berufstätig; Kochen wird stärker als vorher eine Frage der guten Organisation und klugen Vorratshaltung. Die größte Veränderung im Konsumverhalten beruht deshalb auf der Verbreitung von Tiefkühltruhen in deutschen Haushalten, die neben Einbauküchen und Edelstahlspülen zu Symbolen des Fortschritts werden. Tiefkühlkost ist der Renner in den 60ern und ergänzt im Convenience-Bereich das Konservenangebot. Neue Produkte werden zu absoluten Favoriten – allen voran die Fischstäbchen, die nicht nur Kinderherzen höher schlagen lassen. Tiefkühlprodukte machen auch unabhängig von saisonalen Angeboten; Wild, Geflügel oder Gemüse sind jetzt jederzeit verfügbar. Die schonende Konservierung von Lebensmitteln geht immer weiter: Mitte der 60er Jahre werden die ersten gefriergetrockneten Produkte angeboten.

„Fresswelle" rollt unaufhaltsam

„Iss doch wenigstens das Fleisch!" – wer in den 50er und 60er Jahren groß geworden ist, kennt diese Ermahnung nur zu gut. Fleisch gehört dazu – ob gutbürgerlich als Eisbein, Gulasch und Pichelsteiner Eintopf oder auch mal als Fondue. Man kann es sich wieder leisten, der Verzehr steigt und Lebensmittelskandale sind noch in weiter Ferne. Die Deutschen essen gern, zu viel und zu ungesund. Aber es schmeckt! Und wenn eigentlich alle Mahlzeiten schon beendet sind, kommen Erdnüsse, Salzstangen und Knabbergebäck auf den Wohnzimmertisch.

Ausländisch essen gehen, aber deutsch kochen

Mauerbau und Wirtschaftswunder führen in Westdeutschland in den 60ern zu einem Arbeitskräftemangel, dem durch die Anwerbung von Gastarbeitern vor allem aus Italien, Griechenland und Jugoslawien begegnet wird. Das verändert zunächst in den Städten das gastronomische Angebot: Neben Pizza und Spaghetti lernen die Deutschen Cevapcici, Schaschlik und Moussaka kennen und lieben. Auch chinesische Restaurants mit Frühlingsrollen oder Ente süß-sauer sorgen für neue Geschmackserlebnisse. Allerdings finden die kulinarischen Abenteuer zunächst vor allem außerhalb der eigenen Küche statt: Gekocht wird immer noch am liebsten deutsche Hausmannskost. Neue Produkte kommen aber immer unkomplizierter ins Land: Container vereinfachen ab 1966 in Deutschland die Transportlogistik erheblich.

Sättigungsbeilagen und Broilerbar

Die Versorgungslage in der DDR ist stark geprägt von den heimischen landwirtschaftlichen Produkten und den eingeschränkten Außenhandelsbeziehungen. Südfrüchte kommen so gut wie nie auf den Tisch, dafür aber Fleisch, Kohl und Sättigungsbeilagen, wie im Osten Kartoffeln, Reis und Nudeln genannt werden. Bei Überproduktionen kurbeln Propagandakampagnen wie „Nimm ein Ei mehr" den Absatz an. Viele traditionelle Spezialitäten wie Thüringer Klöße, Leipziger Allerlei oder die Dresdner Eierschecke werden in der DDR weiter zubereitet; hinzu kommen osteuropäisch inspirierte Gerichte wie Soljanka, Räuberbraten mit Letscho oder Szegediner Gulasch. Beliebt sind auch Eigenkreationen wie die DDR-Variante des Jägerschnitzels: Es handelt sich um panierte und gebratene Jagdwurstscheiben, die meist mit Tomatensauce und Nudeln serviert werden. Oder als Nachspeise der Schwedenbecher, bestehend aus Vanilleeis, Apfelmus, Eierlikör und Schlagsahne. Und wenn es ganz schnell gehen soll, hilft die nächste Broilerbar – so heißen im Osten die Hähnchenbratereien.

Bekannte Werbeträger für Dr. Oetker

1967/68 produziert Dr. Oetker dreizehn Sendungen mit dem damals außerordentlich populären Sänger und Entertainer Vico Torriani, der mit viel Witz und Charme vor allem die Vielseitigkeit der neuen Pudding-Kreationen vorstellt. Zu dieser Zeit beginnt die Phase der leichten, frischen Speisen, die sich im Handumdrehen zubereiten lassen. Dr. Oetker setzt hier mit dem „Pudding ohne Kochen" neue Maßstäbe. Vico Torriani – übrigens der erste Mann in der Dr. Oetker Werbung – gewinnt die Herzen der weiblichen Kundschaft mit Gesang, Tanz und den „Wünsch-Dir-Puddings".

Schulkochbuch 1960: „Pommes chips"

Einzigartiges Erfolgsduo auf dem Buchmarkt

Das Dr. Oetker Schulkochbuch und das erstmals 1930 publizierte „Backen macht Freude" werden ab 1960 in einer überarbeiteten Fassung mit einer einheitlichen Gestaltung auf den Markt gebracht. Die Nachfrage nach diesen Klassikern ist so groß, dass seit 2002 ein Nachdruck erhältlich ist, der bis heute viele Küchen schmückt. Beide Bücher sind verlegerische Ausnahmeerscheinungen: Das Dr. Oetker Schulkochbuch und „Backen macht Freude" werden die erfolgreichsten Koch- und Backbücher des 20. Jahrhunderts.

Retter der Junggesellen

Die Zunahme von Singlehaushalten führt in den 60er Jahren dazu, dass auch Männer erste vorsichtige Schritte in die Küche wagen, um zu kochen und nicht nur wie bisher Bier aus dem Kühlschrank zu holen. Das Dr. Oetker Schulkochbuch hilft ihnen, sich in dieser neuen Welt zurechtzufinden: „Auch im neuen Gewand wird das Dr. Oetker Schulkochbuch allen denen ein Leitfaden sein, deren Aufgabe und Wunsch die abwechslungsreiche tägliche Gestaltung des Speisezettels ist. Hierzu gehören die erfahrenen Hausfrauen ebenso wie das junge Mädchen von heute, insbesondere die Haushaltsschülerin und nicht zuletzt die ‚Herren der Schöpfung', für die sich das Dr. Oetker Schulkochbuch in der Küche des Strohwitwers wie des Junggesellen stets als Retter in der Not erwiesen hat, die es aber auch als zuverlässige Anleitung schätzen, wenn sie sich das Kochen als Steckenpferd erkoren haben." (3)

Von Eskimos und Germanen

Die Berücksichtigung individueller Bedürfnisse bei der Zusammenstellung und Menge des Essens setzt sich durch: „Die Erforschung des Nahrungsbedarfs gehört zu den schwierigsten Aufgaben der Ernährungsphysiologie. Mit den verschiedensten Kostformen kann man seinen Nährstoffbedarf gleichermaßen vollkommen decken: Der Eskimo ißt anders als der Inder, dieser anders als der europäische Großstädter, und der Speisezettel der Germanen zur Zeit des Kaisers Augustus war erheblich verschieden vom Speisezettel der Deutschen zur Zeit Kaiser Wilhelms. Trotzdem gab und gibt es überall Menschen, die gesund, leistungsfähig und lebensfroh waren. Verbrauchserhebungen, Einzelbeobachtungen an Gesunden und Kranken und Versuche an Tieren und Menschen ermöglichen es uns heute, Bedarfsangaben hinsichtlich der meisten Nährstoffe zu machen." (27)

Richtig zubereiten und richtig essen

Angesichts der zunehmenden Körperfülle durch die Maßlosigkeit der „Fresswelle" sind ernährungsphysiologische Hinweise angebracht; jeder soll schließlich essen, was ihm schmeckt – aber in Maßen: „Über den Geschmack läßt sich bekanntlich nicht streiten, und im Rahmen des Notwendigen soll jeder ‚nach seinem Geschmack' essen. Rohkost vor dem Essen ist gut für dicke Leute, weil sie den Appetit dämpft." (27) Im Dr. Oetker Schulkochbuch finden sich in Erweiterung der früheren Ausgaben viele neue wertvolle Hinweise:

- **Ausführliche Informationen über den Nahrungsbedarf – speziell auch für Kinder und für schwangere/stillende Frauen**
- **Abbildung und Erklärung von vielen Küchenmaschinen**

Grillen und Überbacken mit dem Schulkochbuch

Die technische Ausstattung der Küchen und die Vorlieben verändern sich ständig – Gegrilltes wie Hähnchen oder Schaschlik sowie überbackene Gerichte wie Ragout fin oder „Schnitten auf Feinschmeckerart" werden immer beliebter. Entsprechende neue Kapitel im Schulkochbuch bieten die passenden Rezepte. Kartoffelchips sind nicht nur beim Fernsehabend eine Knabberei, von der viele kaum genug bekommen können. Man kann „Pommes chips" auch selber herstellen:

„Die Kartoffeln schälen, waschen, halbieren und in möglichst dünne Scheiben schneiden. Diese mit einem Leinentuch gut abtrocknen, in nicht zu großer Menge in das auf Stufe 3 gut erhitzte Backfett geben

und sie auf Stufe 2 darin schwimmend halbgar braten. Sobald sich die Kartoffelscheiben gelb färben, diese mit einem Schaumlöffel herausnehmen und auf einen Durchschlag zum Abtropfen geben. Wenn die Scheiben abgekühlt sind, sie noch einmal in das auf Stufe 3 erhitzte Fett geben und braun und knusprig werden lassen. Wenn sie erkaltet sind, sie mit feinem Salz bestreuen und zu Likör oder Wein reichen."

Pommes frites

750 g Kartoffeln
Ausbackfett (Speiseöl oder Kokosfett)
etwas Salz

Die Kartoffeln schälen, waschen und in gleich lange, bleistiftdicke Stiftchen schneiden. Diese mit einem Leinentuch gut abtrocknen, sie in auf Stufe 3 gut erhitztes Backfett geben und sie auf Stufe 2 darin schwimmend halbgar backen. Nicht zuviel Kartoffeln auf einmal nehmen, da sie sich in dem Fettbad nicht berühren dürfen, außerdem kühlt dann das Fett zu stark ab. Sobald sich die Spitzen der Kartoffelstückchen gelb färben, diese mit einem Schaumlöffel herausnehmen und auf einen Durchschlag zum Abtropfen geben. Wenn sie abgekühlt sind, sie noch einmal in das auf Stufe 3 erhitzte Fett geben und braun und knusprig werden lassen. Sie mit feinem Salz bestreuen und schnell zu Tisch geben.

Backzeit: Zunächst etwa 2 Minuten, später noch 4–5 Minuten.

Pommes chips

500 g Kartoffeln
Ausbackfett (Speiseöl oder Kokosfett)
etwas Salz

Die Kartoffeln schälen, waschen, halbieren und in möglichst dünne Scheiben schneiden. Diese mit einem Leinentuch gut abtrocknen, in nicht zu großer Menge in das auf Stufe 3 gut erhitzte Backfett geben und sie auf Stufe 2 darin schwimmend halbgar backen. Sobald sich die Kartoffelscheiben gelb färben, diese mit einem Schaumlöffel herausnehmen und auf einen Durchschlag zum Abtropfen geben.
Wenn die Scheiben abgekühlt sind, sie noch einmal in das auf Stufe 3 erhitzte Fett geben und braun und knusprig werden lassen. Wenn sie erkaltet sind, sie mit feinem Salz bestreuen und zu Likör oder Wein reichen.

Backzeit: Zunächst 1–2 Minuten, später noch etwa 3 Minuten.

Bauernfrühstück

750 g Salatkartoffeln
80 g in kleine Würfel geschnittener Speck
3 Eier
3 EßI. Milch
etwas Salz
etwa 125 g Schinkenwürfel
evtl. etwas geschnittener Schnittlauch

Die Kartoffeln gründlich waschen und in der Schale gar kochen (s. Regeln S. 184, Punkt 5 und 6). Sie sofort abpellen, erkalten lassen, in Scheiben schneiden, in dem auf Stufe 3 ausgelassenen Speck zunächst erhitzen und dann auf Stufe 2 schön braun braten. Die Eier mit der Milch und etwas Salz verquirlen und die Schinkenwürfel und den Schnittlauch hinzugeben. Die Eiermilch über die gebräunten Kartoffeln gießen und auf Stufe 0 stocken lassen. Das Gericht einige Male durchrühren und zu Tisch geben, sobald die Eier fest sind.

...salat ... ... dazu reichen.

Die Kartoffeln gründlich waschen und in der Schale g... (s. Regeln S. 184, Punkt 5 und 6). Sie sofort abpelle... lassen, in Scheiben schneiden und in dem auf Stufe 3 aus... Speck mit etwas Salz und der Würfel geschnitten... erhitzen und dann auf Stufe 2 schön braun braten. Di... Mehl, die Eier, etwas Salz und die Kräuter gut mitei... quirlen. Die Eiermilch über die Kartoffeln gießen ... schalten!), sie muß fest werden, ohne daß man die Kar... rührt oder wendet. Wenn die untere Seite des Omel... und die obere fest geworden ist, das Omelett auf ... gleiten lassen.
Grünen Salat, Kürbis, Senfgurken oder Rote Beete ...

Kochzeit: 25–30 Minuten.

Bratzeit: 10–15 Minuten.

Möglichst kleine, etwa pflaumengroße Kartoffel... gründlich waschen und in der Schale gar kochen (... Punkt 5 und 6). Sie sofort abpellen und in offener ... bestreut, in auf Stufe 3 erhitztem Fett, zuletzt auf Stu... braten.

Kochzeit: 25–30 Minuten.

Bratzeit: Etwa 10 Minuten.

C. KARTOFFELBREI

Die Kartoffeln schälen, waschen, in Hälften ... Wasser mit etwas Salz gar kochen lassen (s. Re... und 6). Das Wasser abgießen, die Kartoffe... Presse geben und erkalten lassen. Das Fett g... Ei, Kartoffeln, Mehl, Salz und Muskatnuß n... geben. Aus dem Kartoffelteig 5 cm lange Rö... gequirltem Ei und dann in Semmelmehl ... schwimmend in dem auf Stufe 3 erhitzten F... braun backen. Nach Belieben auch Kugeln ...

Kartoffelkroketten sind als Beilage zu feine... beliebt und zum Verzieren geeignet.

Kochzeit: 20–25 Minuten.

Backzeit: 2–3 Minuten.

Veränderung: Flache Plätzchen forme... offener Pfanne in heißem Fett auf beiden S...

1970er

Ölkrise, Müsli und Tiefkühlpizza

Terrorismus und Räucherstäbchen

Ostverträge, Olympia und Ölkrise

Die Unterzeichnung der Ostverträge und die Anerkennung der Oder-Neiße-Grenze sind herausragende Ereignisse bei dem sogenannten Wandel durch Annäherung. Der Ost-West-Konflikt wird langsam entschärft. Symbolischer Ausdruck für den Umgang mit der Vergangenheit ist der Kniefall Willy Brandts vor dem Ehrenmal der Helden des Ghettos in Warschau, dessen Bilder um die Welt gehen. Wie fragil allerdings die politische Lage ist, zeigt 1972 der palästinensische Terroranschlag auf israelische Sportler bei den so fröhlich begonnenen Olympischen Sommerspielen in München. Die Spiele gehen trotzdem weiter und für einen der positiven Höhepunkte sorgt die erst 16-jährige Hochspringerin Ulrike Meyfarth mit dem Gewinn der Goldmedaille. Ein Jahr später werden den Menschen durch die Ölkrise eindrucksvoll die Grenzen des Wachstums klar: An vier Sonntagen gilt ein Fahrverbot, um Energie einzusparen.

Alternativ denken, leben, handeln

Außerparlamentarische Bündnisse haben starken Zulauf, da sich viele von den politischen Parteien nicht ausreichend vertreten fühlen. Frauen-, Friedens- und Anti-Atomkraft-Bewegung stehen für konsequentes Handeln zur Durchsetzung von Gleichberechtigung, Abrüstung und Umweltschutz. Grüne Wahlbündnisse werden gebildet, Greenpeace wird gegründet und langsam der „Marsch durch die Institutionen" begonnen. Alternative Lebensformen breiten sich vor allem unter Studenten aus – die Wohngemeinschaft ist Symbol für den Wunsch nach der Abkehr von traditionellen Strukturen.

Fußballweltmeisterschaft und „Deutscher Herbst"

Die WM 1974 ist ein Wechselbad der Gefühle für die Deutschen in Ost und West. Am Anfang steht der sensationelle Sieg der DDR gegen die bundesrepubli-

kanische Mannschaft, die dann später doch den Titel gewinnen kann. 1975 wird der Beginn der Volljährigkeit von 21 auf 18 Jahre herabgesetzt; viele junge Menschen sind auf einmal früher erwachsen. 1977 beherrschen die terroristischen Aktionen der Rote Armee Fraktion die innenpolitische Szene. Wendepunkt des „Deutschen Herbstes" ist die Befreiung der Passagiere einer entführten Lufthansa-Maschine in Mogadischu durch deutsche Spezialeinheiten. Am Ende des Jahrzehnts wird mit dem NATO-Doppelbeschluss von 1979 zur Stationierung von Mittelstreckenraketen eine Entscheidung getroffen, die in den Folgejahren für Massendemonstrationen und innenpolitische Konflikte sorgt.

Parka, Hot Pants und Christiane F.

Das „richtige Bewusstsein" ist in den 70ern oft wichtiger als die aktuelle Mode. Der grüne Parka wird zum Standardkleidungsstück – nicht nur bei Schülern und

Studenten. Räucherstäbchen, Tropfkerzen und Flokati-
teppiche schaffen ein innenarchitektonisches Ge-
genmodell zur Elterngeneration, perfekt unterstützt
durch die Möglichkeit, sich bei einer schnell wachsenden Möbelhauskette Einrichtungsgegenstände ab-
zuholen, um diese dann mehr oder weniger entnervt
selbst zusammenzubauen. Ab 1971 sorgen Hot Pants
für bewundernde Blicke und häusliche Diskussionen;
mit Strumpfhosen und Maximänteln sind sie auch im
Winter tragbar. Plateauschuhe machen Frauen und gelegentlich auch Männer deutlich größer, die Kultfarbe
Orange schmückt Pullover ebenso wie Bonanzafahrrä-
der mit dem typischen Bananensattel oder Autos wie
den 1974 erstmals verkauften VW Golf. Man amüsiert
sich über den Blödelbarden Otto oder das Ekel Alfred
in der Fernsehserie „Ein Herz und eine Seele" und ist

kollektiv geschockt über Christiane F. und die „Kinder vom Bahnhof Zoo". Absoluten Kultstatus erreicht die Kinofassung des Musicals „The Rocky Horror Picture Show", die ab 1975 für unvergessliche Events sorgt, bei denen sich das Publikum verkleidet und mindestens mit Reis bewaffnet aktiv am Geschehen beteiligt. Bereits Ende November 1970 startet ein anderer Dauerbrenner: Der erste „Tatort" wird gesendet.

Startschuss zur Digitalisierung der Welt

Die Klick-Klack-Kugeln sind die technisch einfachste Neuerung der 70er Jahre. Durchdachter ist schon „Rubik's Cube", der ab Ende der 70er Jahre als Zauberwürfel Kinder, Jugendliche und Erwachsene süchtig werden lässt. Zukunftsweisend sind die ersten Schritte in die digitale Welt mit den ersten Mikroprozessoren, dem ersten Taschenrechner und der Entwicklung von Computern. In den USA wird die erste E-Mail verschickt; der elektronische Brief sollte viele Jahre später die globale Kommunikation entscheidend beeinflussen. Schnelle Veränderungen bringt der erste Walkman, der 1979 auf den Markt kommt und Musikgenuss ortsunabhängig macht.

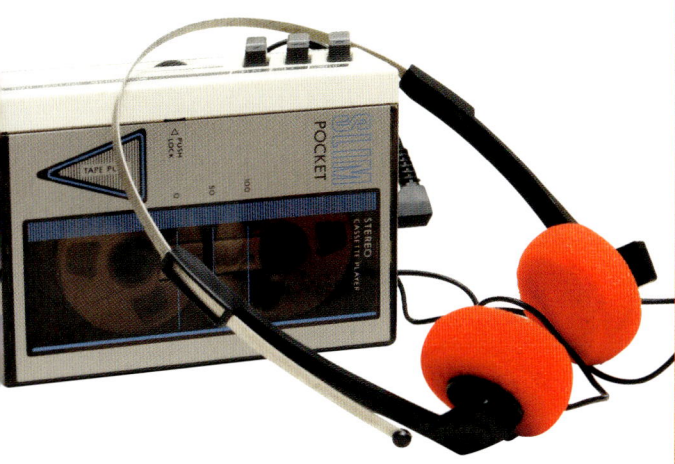

„Griechischer Wein"

Musik ist in den 70er Jahren ein elementarer Ausdruck der gesellschaftlichen Positionsbestimmung. Die Auswahlmöglichkeiten werden immer größer: Heavy Metal, Rock, Punk und Pop lassen viele unterschiedliche Kulturen nebeneinander existieren. Der Film „Saturday Night Fever" löst auch in Deutschland die Discowelle aus, die sich schnell in den Medien etabliert: Erstmals 1975 heißt es „Licht aus – Spot an" in der Kultsendung „Disco" bei der Begrüßung eines besonderen Studiogastes durch den Moderator Ilja Richter. Es geht in den Songs der 70er oft um existenzielle Themen; dazu gehört Drogenkonsum in „Am Tag, als Conny Kramer starb" von Juliane Werding ebenso wie die Finanzlage in „Hey Boss, ich brauch' mehr Geld" von Gunter Gabriel. Aber man will auch Spaß haben wie bei Rex Gildos „Fiesta Mexicana" und bei durchzechten Abenden, unvergesslich besungen von den Gebrüdern Blattschuß mit „Kreuzberger Nächte sind lang". Zentrale Themen sind aber Liebe und Sehnsucht – gerne gepaart mit etwas südländischem Flair. Die perfekte Kombination davon liefert Udo Jürgens Evergreen „Griechischer Wein".

Fast Food versus Bioläden

Essen als weltanschauliches Bekenntnis

Das wachsende Umweltbewusstsein hinterlässt seine Spuren auch in bundesdeutschen Küchen. Die Sehnsucht nach Ursprünglichkeit und das demonstrative Bekenntnis zu einem verantwortbaren Umgang mit den Ressourcen der Natur äußern sich in fast bekenntnishaften Umstellungen des Speiseplans. Vollwertküche, Rohkost und das Körnerfrühstück prägen die kulinarischen Vorlieben der Müsli-Generation, die in Bioläden nicht nur die passenden Waren, sondern auch das nötige Verständnis findet.

Hauptsache schnell: Pizza, Hamburger, Döner

Keine Zeit zum Kochen – das prägt in zunehmendem Maß den Alltag von Familien und Singlehaushalten. Die ansteigende Berufstätigkeit von Frauen, größere

Entfernungen zum Arbeitsplatz und ein wachsender Freizeitstress führen zu großen Veränderungen in der heimischen Küche und der Gastronomie. Die Tiefkühlpizza revolutioniert den Alltag, macht sie doch das Geschmackserlebnis beim Italiener jederzeit zu Hause wiederholbar. Fertiggerichte erweitern den Speiseplan, Mikrowellenherde verkürzen die Zubereitungszeiten. Aus den USA kommen Hamburgerketten nach Europa; 1971 eröffnet die erste deutsche McDonald's-Filiale in München. Im gleichen Jahr geht in Berlin die erste Teigtasche mit Dönerfleisch und Joghurtsoße über die Ladentheke – der Döner Kebab zum Mitnehmen wird zu einer der beliebtesten schnellen Mahlzeiten.

Die weite Welt auf dem Teller

Das Reisefieber der Deutschen ist ungebrochen und die Neugier auf neue kulinarische Erlebnisse noch längst nicht gestillt. Nach den italienischen, griechischen oder jugoslawischen Restaurants sind es zusätz-

lich noch fernöstliche und lateinamerikanische Spezialitäten, die die gastronomische Szene in Deutschland bereichern; sie sorgen mit exotischen Bezeichnungen oder Essbestecken für neue Herausforderungen. Auch wenn viele Speisen dem Geschmack des europäischen Gastes angepasst werden, vermitteln aufwendige Inneneinrichtungen das Gefühl von weiter Welt und Lebenskunst. Das wirkt sich auch langsam auf den heimischen Speiseplan aus; Spaghetti Carbonara und Chili con Carne sind nicht nur in Wohngemeinschaften beliebt.

Trimm-Dich-Welle, leichte Küche und neue Früchte

Die „Fresswelle" der Wirtschaftswunderjahre zeigt immer noch Auswirkungen: Fette Hausmannskost führt zu ernährungsbedingten Krankheiten und weit verbreitetem Übergewicht. Die Trimm-Dich-Welle, die 1970 als Breitensportbewegung in ganz Deutschland gestartet wird, soll dem entgegenwirken. Diätrezepte,

Schlankheitskuren und das Angebot kalorienreduzierter Lebensmittel finden immer mehr Anhänger. Eine alternative und gesunde Ernährung mit einer leichten Küche wird auch durch neue Warenangebote schmackhafter. Seit Beginn der 70er Jahre kommen immer mehr exotische Früchte nach Deutschland: Kiwis, Mangos und Papayas sind exklusive Ergänzungen der alltäglichen Nahrung. Das hat natürlich seinen Preis, den nicht alle bezahlen können oder wollen. Eine weitere Neuerung sind die ab 1978 erstmals in den Supermärkten angebotenen No-Name-Produkte, die in schlichten Verpackungen ohne Markenbezeichnung zu deutlich geringeren Preisen angeboten werden.

Deli-Läden und „Erichs Krönung"

In der DDR beginnt die Ära Honecker; internationale Anerkennung und eine bessere Versorgungslage führen zu einer Phase innenpolitischer Stabilität. Wer nach der Teilung nicht über Westkontakte und Devisen verfügt, kann zumindest in den 1976 eröffneten Delikatläden einige Lebensmittel kaufen, die im normalen HO-Markt und Konsum nicht zu bekommen sind – allerdings zu deutlich erhöhten Preisen. Engpässe müssen auch weiter überwunden werden, beispielsweise durch „Erichs Krönung". So nennen die Menschen die mit Zichorie, Rübenschnitzel und Getreide gestreckte und äußerst unbeliebte Mischung, die während der Kaffeekrise von 1977 angeboten wird. Die Ideologie spiegelt sich auch in den politisch korrekten Bezeichnungen von traditionellen Gerichten wider. Der Bismarckhering heißt in der DDR Delikatesshering und die Königsberger Klopse werden in Kochklopse umbenannt; schließlich heißt die Stadt offiziell Kaliningrad.

Dr. Oetker Küchen-Tip

Marie-Louise Haase
Leiterin der
Versuchsküche

Erste Tiefkühlpizza
bei Dr. Oetker

Neue kulinarische Entdeckungen wecken neue Wünsche. Dr. Oetker reagiert darauf schon 1970: Die erste Tiefkühlpizza in Deutschland kommt aus dem Bielefelder Unternehmen und legt den Grundstein für eine beispiellose Erfolgsgeschichte. Die Qualität ist dabei entscheidend und für dieses Versprechen steht in den 70er Jahren Marie-Louise Haase, die langjährige Leiterin der Dr. Oetker Versuchsküche. In Anzeigen und Fernsehspots gibt sie Produktinformationen und Rezeptvorschläge an die Verbraucher weiter. Neu ist 1971 auch das Menümagazin von Dr. Oetker. Gefüllt mit Rezeptvorschlägen, Partytipps, Koch- und Backtricks wird es Frauenzeitschriften millionenfach beigelegt und ist schon bald ein begehrtes Sammelobjekt.

Schulkochbuch 1976: „Schweinefiletspieße, jugoslawisch"

Ein Kochbuch für alle

Die Nachkriegszeit ist endgültig vorbei und die Küchentechnik hat sich deutlich weiterentwickelt. Auch das Dr. Oetker Schulkochbuch führt die unterschiedlichen Ausgaben zusammen und ist universell einsetzbar: „Das gesamte Rezept- und Bildmaterial wurde von der Dr. Oetker Versuchsküche aktualisiert und sowohl im Inhalt wie in der Form den neuesten Erkenntnissen von Forschung, Wissenschaft und Technik angepaßt. Dabei ergab sich zwangsläufig, daß die bisherige Aufteilung in eine Ausgabe für den Gasherd und eine entsprechende für den Elektroherd aufgegeben wurde. Die Vielfalt der modernen Herdmodelle erfordert eine präzise, aber allgemein gültige Formulierung, damit in jedem Falle ein exaktes Arbeiten gesichert ist." (3)

Ohne gute Technik ist alles nichts

Was für heimwerkende oder autobastelnde Männer selbstverständlich ist, gilt auch für die Hausfrauen. Nur mit den richtigen „Werkzeugen" kann ein optimales Ergebnis erzielt werden: „Die Tatsache, daß das Lob der Familie oder der Gäste für ein wohlschmeckendes Gericht auch heute noch der Stolz jeder Hausfrau ist, gibt nicht nur zuverlässigen Rezepten, sondern auch allen dazu benötigten Geräten einen besonderen Wert – am meisten wohl dem Herd. Ob Gas-, Strom- oder Kohleherd wird im allgemeinen bestimmt durch die ortsüblichen Gegebenheiten. Die Wahl des Herdes selbst ist dagegen eine persönliche Entscheidung und sie sollte nicht nur getroffen werden aufgrund des äußeren Aussehens, sondern vor allem aus Gründen der Zweckmäßigkeit." (40) Die Auswahl wird dabei immer größer – 1971 kommt in Deutschland die erste Ceranplatte auf den Markt.

Gelingsicherheit ist mehr als nur ein Wort

Jetzt braucht man nur noch ein Dr. Oetker Schulkochbuch – auch wenn der Gasherd durch einen Elektroherd ersetzt wird oder umgekehrt. Die Mitarbeiterinnen der Dr. Oetker Versuchsküche testen traditionell die Rezepte auf allen marktüblichen Geräten, bevor sie in die „Bibel des Kochens" aufgenommen werden. Der wichtigste Unterschied zu den bisherigen Ausgaben:

- **Aufhebung der Trennung in Ausgaben E und G für Elektro- oder Gasherde**
- **Unterstreichung der engen Kooperation mit der Dr. Oetker Versuchsküche**

Blick nach vorne

In der Überarbeitung des Dr. Oetker Schulkochbuchs sind einige jahrzehntelang enthaltene Rezepte gestrichen worden, denn die Lebensbedingungen in Deutschland haben sich enorm verbessert. Die Mangelwirtschaft ist längst vorbei. Hinweise zur Zubereitung von „Mischkaffee", Ideen zur Resteverwertung wie „Gänse- oder Entenkleinsuppe mit Kartoffeln oder Reis" oder Tipps für die Herstellung von Milchlimonade treffen nicht mehr das Warenangebot und den Geschmack der Menschen. Stattdessen werden Rezepte neu aufgenommen, die Erlebnisse in ausländischen Restaurants auch am heimischen Herd Wirklichkeit werden lassen – beispielsweise die „Schweinefiletspieße, jugoslawisch":

„300 g Paprikaschoten, 300 g Tomaten, 375 g Schweinefilet, 50 g durchwachsene Speckscheiben, 150 g Cervelatwurstscheiben – Speck- und Wurstscheiben locker aufrollen, alle Zutaten auf Grillspieße schieben, leicht salzen, auf das Gemüse geben und den Schlemmertopf (Römertopf) in den Backofen schieben."

Schweinefiletspieße, jugoslawisch
(Abb. S. 126)

300 g Paprikaschoten — halbieren, entstielen, entkernen, die weißen Scheidewände entfernen, die Schoten waschen, in Streifen schneiden

300 g Tomaten — waschen, kurze Zeit in kochendes Wasser legen, in kaltem Wasser abschrecken, enthäuten, vierteln
beide Zutaten auf den Boden eines gewässerten Schlemmertopfes (Römertopf) geben, mit

Salz
Basilikum — würzen, mit
gehackter Petersilie — bestreuen
375 g Schweinefilet — waschen, abtrocknen, enthäuten, in etwa 1 cm dicke Scheiben schneiden

50 g durchwachsene Speckscheiben
150 g Cervelatwurstscheiben — Speck- und Wurstscheiben locker aufrollen
alle Zutaten auf

Grillspieße — schieben, leicht salzen, auf das Gemüse geben
den Schlemmertopf in den kalten Backofen schieben

Strom: 225–250
Garzeit: Etwa 50 Minuten.

Kalbsherz

2 Kalbsherzen — quer in Hälften schneiden, Adern, Haut, Blut entfernen, die Herzen waschen, mit

er Glasform (möglichst Platte) geben, die Herzen

30 g — heiben schneiden, hinzufügen
Dr. Oetker alufolie zudecken, auf dem Rost in den
hieben
vor Beendigung der Bratzeit die Herzen mit
, evtl.

⅛ l saurer Sah— , die Soße damit binden
1–2 Te— rm mit Fleisch muß in der Mitte des Backofens sein)
ö
Stunde.

118

1980er

Aerobic, AIDS und Mauerfall

Wendepunkte in Europa

Massenbewegungen für Frieden und Umweltschutz

Hausbesetzungen, die Gründung der „Freien Republik Wendland" aus Protest gegen das atomare Endlager in Gorleben und Widerstand gegen öffentliche Rekrutenvereidigungen sorgen für innenpolitische Unruhe. Die Ära Kohl beginnt und der Einzug der Grünen in den Deutschen Bundestag gibt dem außerparlamentarischen Protest eine Stimme. Die Abrüstungsdebatte erreicht ihren Höhepunkt mit den Massendemons-

trationen von Hunderttausenden Menschen in Bonn 1981 und 1983 gegen den NATO-Doppelbeschluss; die Stationierung von amerikanischen Mittelstreckenraketen wird dadurch nicht verhindert. Das nächste Thema, das die Gemüter erhitzt, ist die Volkszählung im Jahr 1984. Ein Jahr später legt Joschka Fischer als erster grüner Minister Deutschlands im Wiesbadener Landtag in Jeans, offenem Hemd und Turnschuhen seinen Amtseid ab und sorgt damit nicht nur in Hessen für heftige Diskussionen.

Europa zwischen Tschernobyl und Glasnost

Der Anfang vom Ende der Sowjetunion und der mit ihr verbündeten Staaten in Osteuropa beginnt mit einem Machtwechsel an der Spitze der kommunistischen Partei: Michail Gorbatschow wird 1985 Generalsekretär der KPdSU und leitet eine Politik von Glasnost und Perestroika – Offenheit und Umgestaltung – ein, die dem Drang nach Freiheit und Demokratie eine nicht mehr aufzuhaltende Dynamik gibt. Weltweites Symbol für den Rückstand der maroden Wirtschaft der Sowjetunion wird das Reaktorunglück von Tschernobyl 1986 in der Ukraine. Eine Explosion lässt Radioaktivität in einer riesigen Menge entweichen; das ist exakt der Super-GAU, den Atomkraftgegner immer befürchtet haben. Alle Sicherungssysteme haben versagt. Das haben sie auch bei einem eher kuriosen Zwischenfall in Moskau: Der 19-jährige Deutsche Mathias Rust landet ungehindert mit einem Sportflugzeug mitten auf dem Roten Platz.

Mauerfall: „Wir sind das Volk"

Die Schlagzeilen der 80er Jahre zum Falklandkrieg, den gefälschten Hitler-Tagebüchern, dem Gladbecker Geiseldrama oder dem verheerenden Flugzeugunglück von Ramstein sind angesichts der epochalen Umwälzungen im Herbst 1989 vergessen: Wie ein Kartenhaus fällt die europäische Nachkriegsordnung zusammen. Täglich überschlagen sich die Ereignisse zwischen Montagsdemonstrationen in Leipzig, Massenflucht über die deutsche Botschaft in Prag oder die österreichisch-ungarische Grenze. Am 9. November 1989 fällt während einer Pressekonferenz vollkommen unspektakulär von SED-Politbüromitglied Günter Schabowski die Bemerkung, dass die DDR-Bürger ab sofort ohne besondere Erlaubnis in den Westen reisen dürften. Die Mauer in Berlin und die innerdeutsche Grenze sind wieder offen, unvergessliche Bilder gehen um die Welt. Nach 40 Jahren ist die DDR am Ende.

Gefahren, Premieren, Erfindungen

AIDS wird 1981 als eigenständige Immunschwächekrankheit erkannt und verändert das sexuelle Verhalten der Menschen grundlegend. Millionen Menschen sind weltweit HIV-positiv; der Aufklärung über mögliche Ansteckungsrisiken kommt eine entscheidende Bedeutung zu. Mehr Informationsmöglichkeiten und ein breiteres Unterhaltungsspektrum bewirkt die Erweiterung der Fernsehlandschaft mit der Einführung des Kabelfernsehens und dem Sendebeginn der ersten Privatsender RTL und SAT.1 Mitte der 80er Jahre. Aber auch die öffentlich-rechtlichen Kanäle verändern ihr Programm: Im Dezember 1985 strahlt die ARD die erste deutsche Soap-Opera aus. Die „Lindenstraße" läuft seither wöchentlich am Sonntagabend. Ein Jahr später prickelt „Kir Royal" nicht nur im Fernsehen, sondern wird dadurch erst recht zum Kultaperitif. Andere Premieren des Jahrzehnts sind technischer Art: Das erste weltweit kommerzielle und immerhin noch 800 Gramm schwere Mobiltelefon wird verkauft, die noch wenig genutzte PC-Benutzeroberfläche Windows 1.0 vorgestellt und die Heimcomputer werden weiterentwickelt, die allerdings noch in viele nicht zueinander kompatible Systeme zersplittert sind. Außerirdische Faszination erleben Millionen Zuschauer mit „E.T.", der zu einem der kommerziell erfolgreichsten Filme wird und Kinder wie Erwachsene gleichermaßen in seinen Bann zieht.

A STEVEN SPIELBERG FILM

E.T. ™

THE EXTRA-TERRESTRIAL

HE IS AFRAID.
HE IS TOTALLY ALONE.
HE IS 3,000,000 LIGHT YEARS FROM HOME.

mel oder Radlerhosen können sich nicht langfristig durchsetzen. Männer tragen „Vokuhila"-Frisuren – vorne kurz, hinten lang. Es wird immer wichtiger, eine gute Figur zu machen. Damit dies in den Wohlstandsjahren gelingt, fließt mancher Schweiß in den Aerobic-Kursen, die ab 1982 durch die Amerikanerin Jane Fonda weltweit populär werden. Fitnesstraining gibt es auch in der DDR. Die Fernsehsendung „Medizin nach Noten" spornt zur Popgymnastik an, wie Aerobic dort genannt wird. Im Westen bricht nach dem Überraschungssieg des erst 17 Jahre alten Boris Becker in Wimbledon eine Tenniseuphorie aus. Die wird noch verstärkt durch die Erfolge von Steffi Graf, die im gleichen Alter die Führung der Tennis-Weltrangliste übernimmt.

Popper, Punks und Tennisboom

Die Jugendkulturen in den 80er Jahren könnten gegensätzlicher nicht sein: Edel gekleidete, konsumorientierte Popper mit asymmetrischer Ponyfrisur und provozierende, unangepasste Punker mit Irokesenschnitt prägen das Straßenbild. In der weiblichen Mode bleiben Leggings und Legwarmers seitdem dauerhafter Bestandteil der Kleidung, andere Innovationen des Jahrzehnts wie breite Schulterpolster, Fledermausär-

„Sonderzug nach Pankow"

Musikalisch bieten die 80er Jahre ein Wechselbad der Stimmungen. Musicals als Massenphänomen erobern den Markt; die deutsche Version des „Starlight Express" startet 1988 in Bochum und rollt bis heute. Am Anfang des Jahrzehnts sind noch andere Schwerpunkte wichtig. Zumindest „Ein bisschen Frieden" soll es sein, wenn es nach Nicole geht, die damit 1982 überraschend als 17-Jährige den „Eurovision Song Contest" gewinnt. Auch Nena setzt auf dieses Thema; bei ihr lösen „99 Luftballons" einen globalen Krieg aus. Aber es gibt auch andere Botschaften: Im Kampf der Geschlechter dreht es sich bei Herbert Grönemeyer um die „Männer" mit ihren Schwächen und Stärken. Die Neue Deutsche Welle setzt ganz neue Akzente. In „Hurra, hurra, die Schule brennt" von Extrabreit ist die Aussage klar; die Inhalte von Trio bei „Da da da" sind dagegen ebenso minimalistisch wie die Instrumentierung. Geradezu visionär erscheint der 1983 von Udo Lindenberg besungene „Sonderzug nach Pankow", entstanden als Reaktion auf die Ablehnung seines Wunsches nach einem Konzert in der DDR und genauso eindringlich wie die Originalversion „Chattanooga Choo Choo" von Glenn Miller. Seit 1981 kann man Musik in einer anderen Qualität genießen: Die ersten CD-Player erobern langsam den Markt.

Tofu, Wok und Krusta-Stube

Essen als politisches Aktionsfeld

Es gibt in den 80ern die gesunde Küche vor und nach der Reaktorkatastrophe von Tschernobyl. Vorher ist es ein demonstratives Bekenntnis zur Ökologie, wenn Vollwertnudeln, Grünkernbratlinge und Kichererbsen-Brotaufstriche gegessen werden. Nach der radioaktiven Verstrahlung von 1985 sieht man auch Stammkunden von Bioläden am Konservenregal von Discountern; da weiß man dann wenigstens, woher die Pilze kommen. Allgemein setzt ein nachhaltigeres Denken über das ein, was täglich auf den Teller kommt. Auch außerhalb von Wohngemeinschaften werden Getreidemühlen gekauft und regionale Anbieter von Nahrungsmitteln bevorzugt.

Erlebnisse zwischen Eventgastronomie und Wokgemüse

Auch die Ökowelle kann nicht verhindern, dass immer mehr Fastfood gegessen wird. Schnelle Gerichte müssen aber nicht ungesund sein: Der Markt der schonend hergestellten Fertiggerichte wird vielfältiger. Gleichzeitig kommt ein neuer Trend auf: Warum Lasagne bestellen, wenn es auch Risotto mit Trüffeln gibt? Die „Edelfresswelle" vereint in den 80ern materiellen Wohlstand und zur Schau gestellte Esskultur – natürlich nicht ohne das entsprechende Publikum. Restaurants und Stehimbiss-Tische in oder besser noch vor Feinkostläden werden zu Bühnen der Selbstinszenierung mit Champagner, Austern oder Entenleberparfait. Die Eventgastronomie bietet italienische Arien zum Tiramisu oder ein Krimidinner mit Lachsschaumsüppchen. Erlebnisse gibt es aber auch zu Hause – die Asienwelle erreicht die deutschen Küchen. Selberrühren im Wok bietet eine willkommene Möglichkeit, gleichzeitig schnell zu kochen, gesund zu essen und neue Geschmackserfahrungen zu machen. Nach Mozzarella, Pesto oder Tsatsiki erobern jetzt Sojasprossen und Tofu die Speisepläne. Eine andere Innovation ist die Crème fraîche, die mit ihrem leicht säuerlichen Geschmack Suppen oder Saucen perfekt verfeinert, weil sie bei der Erhitzung nicht ausflockt.

Grilletta, Ketwurst und Krusta-Stuben

Die DDR hat im letzten Jahrzehnt ihres Bestehens einige westliche Essgewohnheiten übernommen – ab 1982 bietet man vor allem in Ostberlin und stark frequentierten Touristenorten auch Fastfood an. Die Hamburger heißen Grilletta und werden mit Chutney bestrichen, wenn der knappe Ketchup mal nicht verfügbar ist. Der Hotdog heißt zur Vermeidung von englischen Bezeichnungen Ketwurst – Wurst mit Ketchup im Brötchen. Die Pizza, Krusta genannt, hat einen eher dunklen Teig, ist immer viereckig und wird logischerweise in Krusta-Stuben gegessen. Beliebt ist die Variante „Spreewald-Krusta", die mit Hackfleisch und Sauerkraut belegt ist.

Für alle Generationen was gebacken

Das Thema „Kochen, Backen und Genießen" bekommt immer mehr Aufmerksamkeit in allen Medien und bei den Verbrauchern. Der Buchmarkt bietet passende Titel von internationalen Spezialitäten über gesundheitsbewusste Ernährung bis zu modernen Varianten von Rezepteklassikern. Der Dr. Oetker Verlag gestaltet diese Entwicklung wie kein anderer mit. Er ist der bekannteste Kochbuchverlag und einer der innovativsten. So setzt beispielsweise „UNSER BESTES Kochen & Backen" neue Standards in den 8oer Jahren. Die Zusammenführung der beiden großen Bereiche Kochen und Backen in einem Band ist ein Meilenstein auf dem deutschen Buchmarkt und überzeugt als praxisgerechtes Standardwerk mit über 1.000 Fotos und Schritt-für-Schritt-Abbildungen ein

großes Publikum. Freude am Experimentieren, ein ausgeprägtes Gefühl für den Verbrauchergeschmack und ein intuitives Gespür für zukünftige Entwicklungen prägen die Zusammenarbeit der erfahrenen Buchmacher mit kreativen Rezeptentwicklern. Daraus entstehen erfolgreiche Kochbuchreihen mit Schwerpunkten von „Eintöpfe" bis „Exotisches Gemüse" und Trendspezialitäten von „Pizza" bis „Toast". Wer schon früh üben will, erlebt mit dem Kinder-Kochbuch und Kinder-Backbuch spielerisch die ersten kulinarischen Schritte in der Küche.

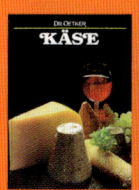   

Schulkochbuch 1984: „Nasi Goreng in Blätterteig"

Überflüssiger Wohlstandsspeck

Die Deutschen sind zu dick. Das ist unübersehbar und bleibt ein Dauerthema bei allen Diskussionen rund um die Ernährung. Die Ursachen sind klar: „Gesundheit ist alles. Ohne Gesundheit ist alles nichts. Aber leider führen unsere Ernährungsgewohnheiten oft geradewegs an der Gesundheit vorbei. Dafür ein wichtiges Beispiel: In den letzten Jahrhunderten ernährte sich die mitteleuropäische Bevölkerung kohlenhydratreich und fettarm. Das blieb so bis in die fünfziger, sechziger Jahre unseres Jahrhunderts. Dann aber gab es plötzlich alles, was das Herz begehrte in bester

Qualität. Nach der sogenannten Freßwelle, wo jeder – eingedenk der mageren Kriegs- und Nachkriegszeiten – alles konsumierte, dessen er habhaft wurde, überschwemmte uns die Edelfreßwelle. Beides trug dazu bei, daß sich der Bundesbürger den sprichwörtlichen Wohlstandsspeck anaß. Aus Überfluß." (12)

Mehr Wissen hilft, weniger zu wiegen

Ein wesentlicher Schritt zu einem gesunden Leben ist zweifellos das Verständnis der ernährungsphysiologischen Vorgänge. Das Dr. Oetker Schulkochbuch bringt es an einem einfachen Beispiel auf den Punkt: „Übergewicht hat nur einen einzigen Grund: Man isst zu viel. Die Folge: Der Körper setzt durch das erhöhte Angebot an Nahrung Fett an. Eine ganz einfache Berechnung

Kartoffeln, Reis und Teigwaren

Nasi Goreng in Blätterteig
(6 Portionen – Abb. nebenstehend)

1 Packung (450 g) Nasi Goreng, tiefgekühlt	nach Vorschrift auf der Packung zubereiten, etwas abkühlen lassen
1 Packung (300 g) Blätterteig, tiefgekühlt	nach Vorschrift auf der Packung auftauen lassen jede Teigplatte zu einem Quadrat (30 x 30 cm) ausrollen, halbieren, so daß Rechtecke (30 x 15 cm) entstehen, das abgekühlte Nasi Goreng auf die Teigplatten geben, diese jeweils von der kürzeren Seite her aufrollen, an den Enden etwas andrücken die Rollen auf ein kalt abgespültes Backblech legen, mit
Kondensmilch	bestreichen, mit
20 g abgezogenen, gehackten Mandeln Currypulver Paprika edelsüß	bestreuen
	das Backblech in den vorgeheizten Backofen schieben
Strom:	200 – 225
Gas:	4 – 5
Backzeit:	Etwa 15 Minuten.

Pro Portion: E: 10 g, F: 20 g, Kh: 31 g
kJ: 1445, kcal: 345.

Veränderung: Die Teigrollen nur mit Kondensmilch bestreichen.

Makkaroni oder Spaghetti

250 g Makkaroni   in fingerlange Stücke brechen

belegt das: Wer täglich auch nur 100 Kalorien mehr zu sich nimmt, als er verbraucht, nimmt täglich etwa 10 g zu. Das wären in einem Jahr immerhin 3650 g, also gut sieben Pfund. Und um diese 100 Kalorien mehr zu erreichen, braucht man täglich nur einen guten Eßlöffel Öl mehr ins Essen zu geben. Kleine Ursache, große Wirkung." (13)

Neues Bewusstsein schaffen – auch in der Küche

Die Erweiterungen des millionenfach bewährten Dr. Oetker Schulkochbuches zielen in den 80er Jahren vor allem darauf, die zahlreichen Rezepte schonender umsetzen zu können und vor allem zu erkennen, welche Folgen richtige und falsche Ernährung hat. Neu ist:

- **Ausführliche und erweiterte Ernährungslehre**
- **Wissenswertes über Essig**
- **Kochen im Schnellkochtopf**

Ethno-Feeling für zu Hause

Nicht nur schnelleres, sondern auch vielfältigeres Kochen ist mit dem erweiterten Dr. Oetker Schulkochbuch möglich, denn Rezepte aus aller Welt werden getestet und aufgenommen. Dazu gehören russischer Borschtsch, Irish Stew oder das beliebte Nasi Goreng – hier mal im Blätterteig:

„450 g tiefgekühltes Nasi Goreng nach Vorschrift auf der Packung zubereiten, etwas abkühlen lassen. 300 g tiefgekühlten Blätterteig nach Vorschrift auf der Packung auftauen lassen. Jede Teigplatte zu einem Quadrat (30 x 30 cm) ausrollen, halbieren, so daß Rechtecke (30 x 15 cm) entstehen. Das abgekühlte Nasi Goreng auf die Teigplatten geben, diese jeweils von der kürzeren Seite her aufrollen, an den Ecken etwas andrücken. Die Rollen auf ein kalt abgespültes Backblech legen, mit Kondensmilch bestreichen, mit 20 g abgezogenen gehackten Mandeln, Currypulver, Paprika edelsüß bestreuen, das Backblech in den vorgeheizten Backofen schieben."

1990er

Einheit, Billigflieger und Latte macchiato

Währungsunion und globales Dorf

Ein Land, eine Währung, ein Europa

Anfang der 90er Jahre überschlagen sich die Ereignisse in Deutschland: Die staatliche Einheit und die Währungsunion sind der Schlusspunkt der 40-jährigen Trennung des Landes. Innenpolitisch sind die zunehmende Ausländerfeindlichkeit, die Wirtschaftskrise, das Oderhochwasser und die Ablösung von Helmut Kohl durch Gerhard Schröder zentrale Themen des Jahrzehnts. Auch in Europa verändert sich die politische Landkarte. Aus der Sowjetunion wird die Gemeinschaft Unabhängiger Staaten, das ehemalige Jugoslawien bricht auseinander und führt einen erbitterten Bürgerkrieg. Die Beteiligung von Bundeswehrsoldaten an einem Kampfeinsatz der NATO auf dem Balkan in der Amtszeit des grünen Außenministers Joschka Fischer spaltet die Öffentlichkeit. Die Verhüllung des Reichstages in Berlin durch den Künstler Christo ist dagegen ein friedliches Intermezzo. Wichtige Weichen für die Zukunft werden international gestellt: Im Maastrichter Vertrag wird die Währungs-

union der Europäischen Union beschlossen und 1999 der Euro schon als Buchgeld eingeführt, bevor er wenige Jahre später die nationalen Währungen auch als alltägliches Zahlungsmittel ablösen sollte. Auch in Asien bricht eine neue Ära an: Die britische Kronkolonie Hongkong fällt nach 156 Jahren wieder an China. Und in Südafrika wird Nelson Mandela nach den ersten freien Wahlen Präsident des Landes.

Sieger, Verlierer und Vorbilder

Die Wiedervereinigung vergrößert das Potenzial an sportlichen Idolen aus allen Teilen Deutschlands, nicht nur durch den Sieg bei der Fußball-Weltmeisterschaft 1990. Die Ostdeutschen Franziska van Almsick und Henry Maske begeistern mit ihren Spitzenleistungen beim Schwimmen und Boxen; der rheinische Formel-1-Pilot Michael Schumacher lässt Fans im ganzen Land auf seinem Weg zum ersten Gewinn der Fahrerweltmeisterschaft im Jahr 1994 genauso mitfiebern wie bei dem Triumph des aus Rostock stammenden Radrennfahrers Jan Ullrich am Ende der Tour de France 1997. Ein anderer Mythos bekommt einen Kratzer: Als 1997 ein Mercedes der A-Klasse bei einer Probefahrt unter extremen Bedingungen in Schweden auf die Seite kippt und auf dem Dach liegen bleibt, ist der „Elchtest" ein viel belächeltes Imageproblem für Daimler-Benz. Weltweites Entsetzen löst der tragische Unfalltod der britischen Prinzessin Diana aus, die die Herzen von Menschen in aller Welt gewonnen hatte.

Digitalisierung des Alltags

Gigantische Umwälzungen sind die Folge von technischen Innovationen in den 90ern. Mobiltelefone werden erschwinglich und im neuen D-Netz auch besser nutzbar; die erste SMS wird 1992 verschickt und die private und kommerzielle Nutzung des Internets beginnt 1993 mit dem World Wide Web. Das ist nicht nur der Anfang der Informationsgesellschaft, sondern das

Netz verwandelt die Welt auch in ein „global village". Laptops machen digitales Arbeiten ortsunabhängig und die Liberalisierung des Telefon-, Post- und Strommarktes erschließt riesige Märkte für die New Economy. Für den Spaß zwischendurch sorgen Tamagotchis – virtuelle Küken, die elektronisch fast so viel Aufmerksamkeit wie ein lebendes Haustier einfordern.

A STEVEN SPIELBERG FILM
JURASSIC PARK
An Adventure 65 Million Years In The Making.
UNIVERSAL PICTURES PRESENTS AN AMBLIN ENTERTAINMENT PRODUCTION SAM NEILL LAURA DERN JEFF GOLDBLUM
AND RICHARD ATTENBOROUGH "JURASSIC PARK" BOB PECK MARTIN FERRERO B.D. WONG SAMUEL L. JACKSON WAYNE KNIGHT
JOSEPH MAZZELLO ARIANA RICHARDS STAN WINSTON DENNIS MUREN, A.S.C. PHIL TIPPETT MICHAEL LANTIERI
JOHN WILLIAMS MICHAEL KAHN, A.C.E. RICK CARTER DEAN CUNDEY, A.S.C. MICHAEL CRICHTON

WOB AZ 823

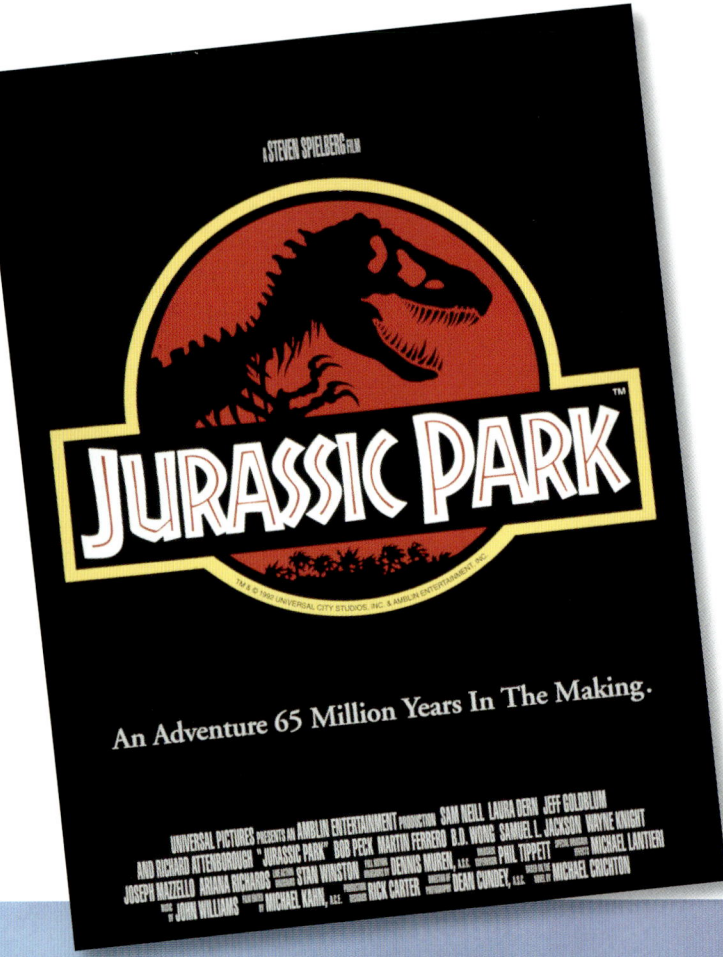

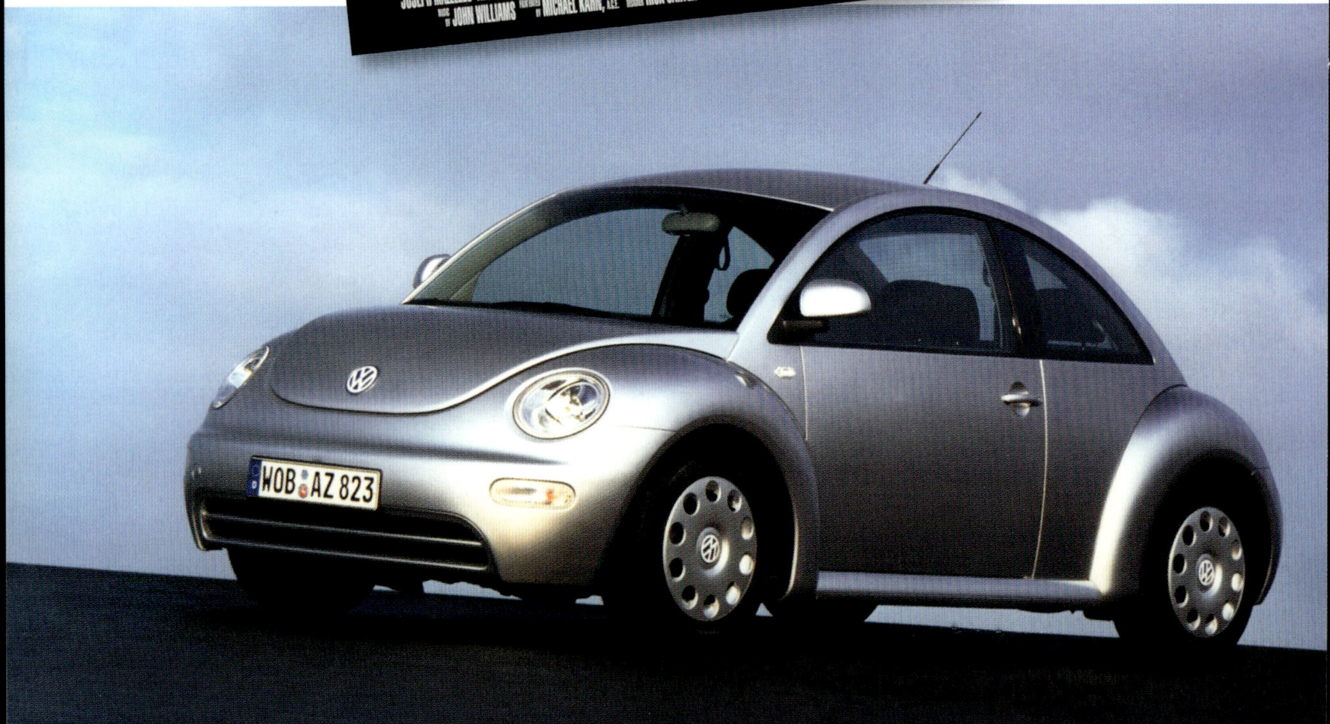

Billigflieger, Triathlon und Esoterik

Der dem legendären Käfer nachempfundene VW New Beetle erfüllt mit Retrolook und neuester Technik den Wunsch nach Nostalgie und Moderne. Es gibt allerdings auch zunehmend attraktive Alternativen zum Autofahren: Viele Airlines erweitern mit Billigfliegern in den 90ern ganz erheblich ihr Angebot und ermöglichen Millionen Menschen spontane Reisen zu bisher unvorstellbaren Preisen. Die Abenteuerlust spielt sich aber nicht nur in der Ferne ab. Überall finden Extremsportler neue Herausforderungen – mit einem Gummiseil an den Beinen beim Bungee-Jumping oder beim Freeclimbing ohne Hilfsmittel an steilen Felswänden. Eine besondere Herausforderung ist für viele Läufer, Schwimmer und Radfahrer, einmal im Leben einen Triathlon zu absolvieren. Der Wunsch nach Selbsterfahrung durchbricht nicht nur physische, sondern auch spirituelle Grenzen. Die Esoterikwelle wird zu einem blühenden Geschäftszweig und Feng-Shui auch außerhalb Asiens eine Grundlage für die Errichtung und Einrichtung von Häusern und Wohnungen.

Grüße aus der Steinzeit: Dinos und Ötzi

1993 löst Steven Spielbergs Film „Jurassic Park" eine Dinosaurier-Sympathiewelle aus, die in vielen Wohnungen neben den gelb-schwarzen Tigerenten für visuelle Akzente sorgt. Andere Schlagzeilen der 90er spielen auf den zwischenmenschlichen Bereich an. Das Potenzmittel Viagra bewegt die Männer und „Der bewegte Mann" berührt ganz Deutschland. Der zweifellos älteste Mann, der weltweit für Aufsehen sorgt, ist nur 1,60 Meter groß und über 5.000 Jahre alt: Ötzi wird in den österreichischen Alpen als mumifizierte Leiche aus der Jungsteinzeit entdeckt.

„Guildo hat Euch lieb!"

Als erste Rockband gastieren die Scorpions aus Hannover auf Einladung von Michail Gorbatschow 1991 im Kreml. Ihr Song „Wind of Change" trifft international den Zeitgeist und ist die erfolgreichste Single weltweit. In den Clubs der 90er erklingen neben Hip-Hop und Rap vor allem Technoklänge; die größte Plattform für diesen Sound ist die 1989 erstmals veranstaltete „Loveparade", die im Laufe der 90er zu einem Mega-Event mit über 1,5 Millionen Teilnehmern wird. Die Schlagerwelt bringt ein Revival der Volksmusik, schwergewichtig vertreten beispielsweise durch die Wildecker Herzbuben mit „Herzilein", und Partystimmung unter anderem durch den Hit „Anton aus Tirol" von DJ Ötzi oder „Du mußt ein Schwein sein" von der Leipziger Band Die Prinzen. Beim Eurovision Song Contest erreichen Guildo Horn und seine Band Die Orthopädischen Strümpfe 1998 immerhin Rang sieben mit „Guildo hat Euch lieb!" Er sorgt nicht nur mit schrillen Auftritten und Outfits für Furore, sondern löst auch eine Welle der Begeisterung für seine geliebten Nussecken aus.

Panasiatisches oder lieber Soljanka?

Langsame Wiedervereinigung in der Küche

Die politische und wirtschaftliche Wiedervereinigung Deutschlands führt nicht unbedingt zu einer schnellen Angleichung der Ernährungsgewohnheiten. Zu groß ist der Nachholbedarf des Ostens, bisher Unbekanntes oder schwer zu Besorgendes einmal auszuprobieren. Danach kommt langsam eine „Ostalgie"-Welle auf, die den gewohnten Geschmack von lieb gewonnenen DDR-Produkten, wie beispielsweise dem Senf aus Bautzen, bedient. Vieles verschwindet vom Markt, manches setzt sich aber auch bei den Verbrauchern im Westen durch, die nicht nur die Spreewälder Gurken schätzen lernen. Die scharf-säuerliche Suppe Soljanka bleibt als Kultgericht russisch-ukrainischen Ursprungs weiter auf den Speisekarten in den neuen Ländern, aber auch gemeinsame Wurzeln der deutschen Küche werden wiederentdeckt – von den Teltower Rübchen über die Kartoffelklöße bis zur Thüringer Bratwurst. Politik und Küche kommen sich auch in den 90ern nahe: Bundeskanzler Kohl macht den pfälzischen Saumagen außerhalb seiner Heimat bekannt und Christiane Herzog, die Frau des Bundespräsidenten, kocht im Berliner Schloss Bellevue mit Gästen vor der Fernsehkamera. Das Format der Kochshows sollte einige Jahre später noch viel größere mediale Präsenz bekommen.

BSE, Slow Food und Systemgastronomie

Solange Unklarheit über die Übertragbarkeit des Rinderwahnsinns – abgekürzt BSE – auf den Menschen herrscht, greifen die Verbraucher stärker zu anderen Fleischsorten, Fisch und Gemüse. Der neueste Trend ist langsames und bewusstes Genießen, wie es von der 1992 gegründeten deutschen Sektion von Slow Food propagiert wird. An vielen Orten wiederholbare Geschmackserlebnisse ermöglicht die sich ausbreitende Systemgastronomie. Dazu gehören neben den Fast-Food-Ketten auch zentral gesteuerte Filialen der Handels-, Verkehrs-, Messe- oder Full-Service-Gastronomie, die in Möbelhäusern, an Raststätten, bei großen Events oder in stark frequentierten Innenstadtlagen gewohnte Mahlzeiten in festgelegter Qualität anbieten.

Gourmets zwischen Kaffeekult, Olivenöl und Cross-over

Jedes Jahrzehnt entwickelt andere Vorlieben, die ein breiteres Warenangebot und sichtbare Veränderungen in Handel und Gastronomie zur Folge haben. In den 90er Jahren ist dies vor allem der Beginn des Kaffeekults, der Fachgeschäfte für Espressomaschinen entstehen lässt und den Latte macchiato zum festen Bestandteil des Getränkeangebots macht. Die Begeisterung für Olivenöl wiederum bringt Läden mit einer großen Auswahl an Produkten in dickbauchigen Glasbehältern hervor. Gekocht werden darf gerne grenzüberschreitend. Dem Siegeszug der Sushi-Restaurants folgen Cross-over-Angebote, die panasiatische Rezepte mit europäischen Gerichten verbinden: Pappardelle mit Teriyaki-Ente und danach Crème brûlée mit Ingwer sind keine Seltenheit auf global orientierten Speisekarten. Die Fusionsküche erweitert die Geschmackserfahrungen – was ist schon das klassische italienische Basilikum, wenn es das auch aus Thailand gibt?

„Cocooning" verändert die Küchen

Wenn die Welt unübersichtlicher und bedrohlicher wird, ist es zu Hause noch schöner. Diese von Trendforschern „Cocooning" genannte Tendenz, sich in das Privatleben zurückzuziehen, verbreitet sich vor allem in den westlichen Industriestaaten. Passend dazu werden Küchen wieder zu Orten sozialer Begegnung. Statt uniformer Einbaulösungen sind jetzt umweltfreundliche Kühlschränke im bauchigen Retrolook und große Tische angesagt; der freistehende Herd wird zum neuen Statussymbol. Damit noch mehr Abwechslung auf den Tisch kommen kann, boomt der Markt der Kochbücher wie nie zuvor und ein Wochenendkurs bei einem Sternekoch ist das ultimative Geburtstagsgeschenk.

Die ganze Welt des Kochens und Backens

Wer neben dem Dr. Oetker Schulkochbuch noch weitere Rezeptideen ausprobieren will, hat die Qual der Wahl: Vom Basiswissen aus dem Dr. Oetker Grundbackbuch und dem Grundkochbuch bis zu internationalen Spezialitäten werden vielfältigste Rezepte erläutert – natürlich auch für die fett- und cholesterinarme Küche oder für Diabetiker. Unterschiedliche Techniken bringen neue Erfahrungen und dazu passende Koch- und Backbücher. Vor allem die Modetorten begeistern mit ihren ungewöhnlichen Ideen immer wieder. Obwohl sie erst 1997 auf den Markt kommen, sind sie schon bald moderne Klassiker, denn inzwischen konnten aus dieser Reihe über drei Millionen Bücher verkauft werden.

Schulkochbuch 1992:
„Saltimbocca alla Romana"

Fünfmal ist genau richtig

Es kommt nicht nur darauf an, was man isst, sondern auch, wie sich die Mahlzeiten auf den Tag verteilen. Im Dr. Oetker Schulkochbuch werden die wissenschaftlichen Erkenntnisse weitergegeben: „Essen ist ein wichtiger Bestandteil unseres Lebens. Wir genießen es und lassen es ‚uns schmecken'. Neben diesen subjektiven Aspekten der Freude am Essen spielt auch die ‚richtige' Ernährung eine große Rolle für unser physisches Wohlbefinden. ... Inzwischen hat sich weitgehend durchgesetzt, 5 Mahlzeiten (3 Haupt- und 2 Zwischenmahlzeiten) zu sich zu nehmen. Dies trägt zu einer gleichmäßigen Energieabgabe und damit auch zu einer gleichmäßigen Leistungsfähigkeit über den ganzen Tag bei." (276)

Lebensmittel richtig behandeln

Die Auswahl der passenden Zutaten ist der erste Schritt zu einem gelungenen Menü. Allerdings kommt es auch darauf an, sie optimal aufzubewahren und so schonend wie möglich zuzubereiten. Neu aufgenommen sind in die Überarbeitung des Dr. Oetker Schulkochbuchs daher Tipps zu den Themen

• **Einfrieren von Lebensmitteln**
• **Verhaltensregeln zur Eindämmung
  von Salmonelleninfektionen**
• **Garmethoden: Alufolie, Bratbeutel,
  Bratschlauch, Tontopf**

Zwischen Retro und Ethno

Kochen ist Ausdruck des Zeitgeistes. Die 90er Jahre bewegen sich zwischen der Rückbesinnung auf Traditionelles und der Offenheit für neue Impulse. Das Dr. Oetker Schulkochbuch ist am Puls der Zeit und bietet eine bunte Mischung aus bewährten deutschen Rezepten wie Schweinshaxen oder Mangoldsuppe, kulinarischen Evergreens wie dem Toast Hawaii und internationalen Gerichten wie Saltimbocca alla Romana – Letzteres ist gar nicht so schwer:

„4 dünne Scheiben Kalbfleisch, je 100 g aus der Keule, unter fließendem kaltem Wasser abspülen, trockentupfen, mit 4 Scheiben Parmaschinken und 4 Salbeiblättern belegen, zusammenklappen, mit Holzstäbchen feststecken. Das Fleisch mit Salz, frisch gemahlenem Pfeffer bestreuen, in 20 g Weizenmehl wenden. 2 EL Speiseöl erhitzen, das Fleisch von jeder Seite braten, auf einer vorgewärmten Platte anrichten. Bratzeit: Jede Seite 4 – 6 Minuten. Für die Soße den Bratensatz mit 125 ml (1/8 l) Weißwein ablöschen, etwas einkochen lassen. 1 Becher (125 g) Crème double unterrühren, die Soße erhitzen, mit Salz, Pfeffer, Zucker und gehackten Salbeiblättern abschmecken, über das Fleisch geben. "

FLEISCH

SALTIMBOCCA ALLA ROMANA

(Foto)

4 dünne Scheiben Kalbfleisch (je 100 g, aus der Keule)	unter fließendem kaltem Wasser abspülen, trockentupfen, mit
4 Scheiben Parmaschinken 4 Salbeiblättern	belegen, zusammenklappen, mit Holzstäbchen feststecken, das Fleisch mit
Salz frisch gemahlenem Pfeffer	bestreuen, in
20 g Weizenmehl	wenden
2 EL Speiseöl	erhitzen, das Fleisch von jeder Seite braten, auf einer vorgewärmten Platte anrichten
Bratzeit	jede Seite 4 – 6 Minuten.

Für die Soße
den Bratensatz mit
ablöschen, etwas einkochen lassen

125 ml (⅛ l) Weißwein 1 Becher (125 g) Crème double gehackten Salbeiblättern	unterrühren, die Soße erhitzen, mit Salz, Pfeffer, Zucker abschmecken, über das Fleisch geben.

Pro Portion: E: 26 g, F: 34 g, Kh: 5 g, kJ: 1981, kcal: 473.

Beilage	Safranreis.

ZÜRICHER GESCHNETZELTES

600 g Kalbfleisch (aus der Keule)	unter fließendem kaltem Wasser abspülen, trockentupfen, in dünne Streifen schneiden
2 mittelgroße Zwiebeln 4 EL Speiseöl	abziehen, halbieren, fein würfeln erhitzen, das Fleisch portionsweise jeweils 1 – 2 Minuten darin anbraten, mit
Salz frisch gemahlenem Pfeffer	bestreuen, herausnehmen, die Zwiebeln in die Pfanne geben, etwa 2 Minuten dünsten lassen, mit
15 g Weizenmehl	bestäuben, kurz miterhitzen

(Fortsetzung Seite 96)

94

2000er

Globalisierung, Schokolade und Moleküle

Euro, Flatrates und Autofähnchen

Die Welt zwischen Terror, Tsunami und Obama

Nach den 90ern kann sich zunächst kein Name für das neue Jahrzehnt durchsetzen – man spricht erst von den 2000ern, später dann von den Nullerjahren. Das Millennium beginnt mit gigantischen Feiern und wird als Zeitalter der Globalisierung sowohl von weltweiten Bedrohungen wie auch von grenzenlosen Informationsmöglichkeiten geprägt. Der Absturz einer „Concorde" im April 2001 und wenig später die Terroranschläge vom 11. September auf das World Trade Center in New York lassen die Menschen überall live am Fernsehen erleben, dass es keine wirkliche Sicherheit mehr gibt. Der Krieg in Afghanistan wird nicht nur die USA, sondern auch die europäischen NATO-Partner langfristig in einen militärischen Konflikt einbeziehen. Auch andere Gefahren drohen: Die Tsunami-Katastrophe zeigt die Unberechenbarkeit der Natur; 2004 sterben Hunderttausende durch eine riesige Flutwelle, die von einem Seebeben im Indischen Ozean ausgelöst wird.

Zwei entscheidende Führungswechsel prägen die Dekade: Die Wahl von Barack Obama zum Präsidenten der USA – er ist der erste Afroamerikaner in diesem Amt – und „Wir sind Papst", wie eine deutsche Boulevardzeitung auf der Titelseite textet. Nach dem Tod von Johannes Paul II. wird Joseph Kardinal Ratzinger als Benedikt XVI. sein Nachfolger.

Weltausstellung, Gemeinschaftswährung und Finanzkrise

Die EXPO 2000 findet in Hannover statt und steht unter dem Motto „Mensch, Natur und Technik – Eine neue Welt entsteht". Die Visionen bekommen allerdings einen Dämpfer durch das Platzen der Dotcom-Blase, wie der Börsenkrach am Neuen Markt genannt wird. Unternehmen aus Zukunftsbranchen wie Informationstechnologie, Multimedia, Biotechnologie und Telekommunikation verlieren dramatisch an Wert; sie können die hohen Gewinnerwartungen nicht länger erfüllen. Auch wenn sich die wirtschaftliche Lage wieder stabilisiert, wird das Thema „Globalisierung" zum Synonym für die weltweit miteinander verzahnten ökonomischen Prozesse. Am Ende des Jahrzehnts kommt es zu einer weltweiten Banken- und Finanzkrise, die der Zusammenbruch des US-Immobilienmarktes in Gang setzt. Unternehmenszusammenbrüche, Staatsverschuldung und Massenarbeitslosigkeit sind die Folge. Es gibt aber nicht nur gemeinsame Probleme, sondern auch eine engere Kooperation in Europa. Die „alte Welt" wird mit der 2002 erfolgten Einführung des Euro als Bargeld in zwölf EU-Staaten einheitlicher. Und sie wird größer: Durch den Beitritt von Rumänien und Bulgarien umfasst die Europäische Union ab 2007 immerhin 27 Mitgliedsstaaten.

Online arbeiten, chatten, leben

In der digitalen Welt beginnt das neue Jahrtausend mit einem globalen Aufatmen: Das befürchtete Systemchaos bei der Umstellung der Jahreszahl um Mitternacht bleibt aus. Der Weg ist frei für einen grundlegenden technologischen Wandel; die Informations- und Kommunikationsgesellschaft verändert den Alltag der Menschen rasant. Computer werden im Berufs- und Privatleben immer unentbehrlicher. Neue Speichermedien wie der USB-Stick, die DVD oder die Blu-ray Disc ermöglichen einfachen Datentransfer. Digitalkameras verdrängen analoge Fotoapparate und Flachbildschirme werden zum Standard. Kostenlose Internetportale machen Filme oder Musik weltweit verfügbar. Die größten Veränderungen aber setzen die sozialen Netzwerke wie MySpace oder Facebook in Gang. Sie werden wie Blogs zum Treffpunkt vor allem junger Menschen rund um den Globus; als Nachrichtenzentralen sind sie weit mehr als ein Freizeitspaß.

Gerade für totalitäre Staaten wird eine nicht mehr zu kontrollierende Kommunikation riskant. Das Internet birgt allerdings neben faszinierenden Möglichkeiten auch zunehmende Gefahren: Virtuelle Welten wie Web 2.0 können Menschen in künstliche Existenzen flüchten lassen und dann zum Realitätsverlust führen.

Harry Potter

AND THE
SORCERER'S STONE

Immer und überall kommunizieren

Mobiles Telefonieren wird zum Massenphänomen. Handys sind immer leistungsfähiger, bekommen Farbdisplays, Digitalkameras und können auch Musik speichern. Seit der Einführung von Flatrates liefern pauschale Tarife für viele das entscheidende Argument zum Einstieg in die multimediale Welt. Die technische Entwicklung geht unaufhaltsam weiter. Smartphones genannte Multifunktionsgeräte sind Minicomputer mit Telefonfunktion und werden in den Nullerjahren zum Statussymbol viel beschäftigter Menschen, die allerdings dadurch auch immer erreichbar und verfügbar sind. Zahlreiche Anwendungen – kurz App – können individuell ergänzt werden.

Sommermärchen, Harry Potter und Doku-Soaps

Der boomende Verkauf von Flatscreen-Fernsehern ist nur eine Auswirkung der Fußball-Weltmeisterschaft in Deutschland im Jahr 2006. Viel spektakulärer ist die kollektive Begeisterung für das Sommermärchen, das Liveübertragungen der Spiele bei traumhaftem Sommerwetter zu riesigen Public-Viewing-Events und Megapartys macht. Sichtbarer Ausdruck der positiven Stimmung sind die zahllosen Autofähnchen auf deutschen Straßen. Einen anderen Hype lösen die Bücher und Filme zum fiktiven Leben von Harry Potter aus. Von 1998 bis 2007 erscheinen sieben Bände und schaffen magische Momente bei Lesern und Zuschauern. Die Verfilmung der Romantrilogie „Der Herr der Ringe" ist ein weiterer Höhepunkt der Fantasy-Welle.

Im Fernsehen sind neben Kochsendungen und Castingshows vor allem Doku-Soaps und Reality-TV-Formate beliebt. Ob Schuldenberater, Erziehungscamps oder Diätprogramme – die Unterhaltung der Zuschauer steht an erster Stelle, auch wenn die Wirklichkeit zu diesem Zweck deutlich überzeichnet wird.

Navis, Rauchverbot und „Arschgeweih"

Straßenkarten werden von satellitengestützten Navigationssystemen abgelöst, die die Autofahrer zum hoffentlich richtigen Ziel führen und zunehmend auch in Handys integriert werden. Umweltzonen lassen ab 2007 nur noch ökologisch korrekt ausgestattete Fahrzeuge in immer mehr Innenstädte. Sollte der Weg dann in die Gastronomie führen, ist hier auch nicht mehr alles, wie es war. Nach heftigen Diskussionen setzt sich in Gaststätten und öffentlichen Gebäuden das Rauchverbot durch; als Folge schießen Heizpilze aus manchem asphaltierten Boden und verlagern die Gespräche ins Freie. Hingucker bei manchen weiblichen Gästen sind zu Beginn des neuen Jahrtausends mehr oder weniger kunstvolle Tätowierungen, umgangssprachlich auch „Arschgeweih" genannt. Und an den Füßen sieht man immer öfter Crocs, bequeme, durchlöcherte Kunststoffschuhe.

„All you can eat"
oder „Coffee 2 go"

Haute Cuisine, Snacking und Veganer

Das neue Jahrtausend ist auch beim Essen durch ein Nebeneinander der Alltagskulturen gekennzeichnet. Die Haute Cuisine macht manchen Wochenendtrip zum stilvollen Genusserlebnis und Fingerfood für zwischendurch kann sehr kreativ ausfallen; immerhin bieten sogar Nobelhotels ein Glas Champagner zur Currywurst mit edler Sauce an. Die erste Dekade des neuen Jahrtausends ist auch durch handfestere Trends gekennzeichnet: „All you can eat"-Angebote gipfeln in den Megaportionen der XXL-Köche, die riesige Hamburger oder Schnitzel servieren. Das krasse Gegenteil leben die Veganer mit einer radikal-vegetarischen Einstellung, die nicht nur bei der Ernährung konsequent Tierprodukte ablehnt, sondern teilweise auch Kleidung aus Leder vermeidet.

„Perfekte Welle"

Die Nullerjahre setzen musikalische Standards vor allem in medialer Hinsicht. Castingshows lassen in monatelangen Auswahlverfahren „Superstars" entstehen und iPods mit weißen Kopfhörern sind das Erkennungszeichen einer globalen Kultgemeinde, für die MP3-Player ganz normale Gebrauchsgegenstände sind. Die negative Topmeldung des Jahrzehnts ist zweifellos der Tod von Michael Jackson; positive Trends setzen junge deutsche Musiker, deren Karriere jenseits der romantischen Schlagerparaden stattfindet und die als Fortsetzung der Neuen Deutschen Welle angesehen werden können. Wir sind Helden ebnen den Weg für Silbermond oder Juli. Letztere verfassen mit „Perfekte Welle" so etwas wie die Erkennungsmelodie der neuen Impulse; allerdings wird der Song nach der Tsunami-Katastrophe aus vielen Sendungen verbannt. Anspruchsvolle Texte sind wieder gefragt; ein Beispiel von vielen ist „Liebe ist alles", mit dem Rosenstolz der endgültige Durchbruch gelingt. Einen temporären, aber sehr erfolgreichen Hit landen die Sportfreunde Stiller im deutschen Fußball-Sommermärchen mit „'54, 74, 90, 2006": ein Lied, das eigens für die WM komponiert wird und auf Platz 1 der deutschen Single-Charts stürmt.

Kochshows und molekulare Experimente

Eventgastronomie findet nicht mehr ausschließlich in ausgewählten Restaurants statt, sondern eine Vielzahl von Kochshows lassen Millionen Fernsehzuschauer am „Abenteuer Kochen" teilhaben. Auf die handwerkliche Spitze getrieben wird die Freude am experimentellen Arbeiten von der Molekularküche, die eine extreme Herausforderung der Sinne ist. Die biochemischen und physikalischen Prozesse bei der Zubereitung und beim Genuss von Speisen erlauben es, beispielsweise mit Polymeren, Emulsionen oder flüssigem Stickstoff überraschende Gerichte mit einem völlig neuen Charakter hinsichtlich Komposition, Aussehen oder Geschmack zu erzeugen. Die Ideen reichen vom Lachs mit Lakritzsauce bis zum „sphärischen Melonenkaviar" des katalanischen Kochs Ferran Adrià, der als Mitbegründer der Molekularküche gilt.

Bagels, Bitterschokolade und Bärlauch

Ein seit Jahrhunderten hergestelltes Gebäck wird zum Kultsnack: Bagels in vielen Variationen und mit dem unverwechselbaren Loch in der Mitte stillen den kleinen Hunger zwischendurch. Man kann sie natürlich auch mitnehmen und unterwegs essen – genau das ist jetzt ein verbreiteter Trend nicht nur bei Speisen. To-go-Angebote gibt es vor allem auch für Kaffee. Überall eröffnen Coffeeshops und statten die modernen, multimedialen Menschen mit dem wichtigsten Accessoire neben Ohrstöpseln und Notebooktaschen aus – den Pappbechern mit Espresso, Latte macchiato oder Milchkaffee. Ein weiteres absolut angesagtes Objekt der Begierde ist die Schokolade. Fachgeschäfte mit unzähligen Spezialitäten werden eröffnet, sicherlich mit ausgelöst durch den Film „Chocolat – Ein kleiner Biss genügt" aus dem Jahr 2002, in dem eine Frau mit ihrer Chocolaterie im Frankreich der späten 50er ein ganzes Dorf fast um den Verstand bringt. Bittere Sorten kommen in Mode und die Verbindung von süßen Kakaobohnen mit scharfem Chili eröffnet vielen Schokofans ganz neue Geschmackserlebnisse. Schließlich wird noch ein anderer Klassiker in der Küche wieder zu kreativem Leben erweckt: Bärlauch wird neben Mangold zum Trendgemüse – entweder pur, als Pesto, mit Frischkäse, in der Salami oder ...

Immer am Puls der Zeit – oder schneller ...

Geniale Ideen sind manchmal ganz einfach: Seit 2005 gibt es im Dr. Oetker Verlag die Erfolgsreihe „Von A–Z" mit inzwischen etwa 30 Bänden. Hier finden sich in einer bisher einzigartig übersichtlichen Form vielfältige Ideen zu allen Themen rund um das Backen und Kochen – von der Aida-Torte bis zum Zebrakuchen, von Austernpilzen bis zum Zigeunersalat, vom Amaretti-Pudding bis zur Zuppa Inglese. Neben der Buchform können Koch- und Backfans natürlich auch andere mediale Angebote nutzen – die iPhone App® funktioniert als Einkaufsbegleiter ebenso gut wie als Assistenz beim Zubereiten der Speisen. Auch bei der Nutzung von Massenmedien muss die Individualität nicht untergehen – ganz im Gegenteil: Wenige Schritte genügen auf dem Weg zum persönlichen Kochbuch: Rezepte auswählen, eigenes Foto plus Vorwort ergänzen und dann schon bald das druckfrische Exemplar in den Händen halten – zum Schenken und Selberschenken.

Der Dr. Oetker Verlag hat eine Jahrhundertaufgabe gemeistert: Seit der Gründung des Unternehmens begleiten seine Publikationen kontinuierlich die Kunden durch die unterschiedlichen Etappen der Ernährungskultur. Es ist gelungen, die alte Tätigkeit des Kochens und Backens ins 21. Jahrhundert zu übersetzen, ganz neue Zielgruppen zu gewinnen und durch kreative Rezeptideen selbst Trendsetter zu sein. Das beste Beispiel für die erfolgreiche Verbindung von Tradition und Moderne ist und bleibt natürlich das Dr. Oetker Schulkochbuch, das seit stolzen 100 Jahren die deutsche Ernährungsgeschichte entscheidend mitgestaltet hat.

Schulkochbuch 2011 „Lachs-Wraps"

Mut zum Risiko

Die Rezepte des Dr. Oetker Schulkochbuchs sind auch im neuen Jahrtausend auf der Höhe der Zeit und bieten die ganze Bandbreite von traditionellen Gerichten bis zu junger Küche. Ausprobiert, getestet und gelingsicher formuliert ist alles – da kann eigentlich nichts mehr schiefgehen, wenn mal was ganz Neues probiert wird: „Keine Lust mehr auf die ewig gleichen Rühreier, Tütensuppen und Nudelgerichte aus der Packung? Doch mal den raffinierten Risotto, das exotische Gemüse-Linsen-Curry oder den Rehrücken wagen und erleben: Es schmeckt nicht nur, sondern gelingt einfacher als gedacht. ... Mit diesem Buch gelingen nicht nur Klassiker wie Rinderrouladen oder gefüllte Paprikaschoten, sondern auch die vielen neuen Rezepte." (4)

Energiesparen auch in der Küche

Schonender Umgang mit Ressourcen hat nicht nur in der globalen Umweltpolitik immer mehr Anhänger, er findet auch am heimischen Herd statt. Neue Zubereitungsmethoden ermöglichen dabei noch bessere Ergebnisse – nicht nur für Schweinebraten mit Kräuterkruste: „Besonders saftig wird das Fleisch mit der sogenannten Niedrigtemperatur-Garmethode. Braten Sie dazu das Fleischstück zuerst in einem Bräter auf Ihrer Kochstelle von allen Seiten kräftig an. Schieben Sie dann den Bräter in den vorgeheizten Backofen (Ober-/Unterhitze 80° bzw. 95° bei Geflügel und großem Braten) und garen das Fleischstück wie im Rezept angegeben. Die niedrige Gartemperatur muss bei dieser Zubereitung sehr genau eingehalten werden; deswegen empfiehlt sich ein Ofenthermometer, mit dem Sie die Backofentemperatur während des Garens kontrollieren können."(47)

Multimedialer Service

Neben dem klassischen Kochbuch und dem bewährten Zusenden von Informationen können Kochfans natürlich auch online Wissenswertes abrufen. Im Dr. Oetker Schulkochbuch finden sich wie immer wertvolle Servicehinweise:

- **Zusenden alter Rezepte**
- **Verweis auf die Website www.oetker-verlag.de**
- **Erläuterungen zur Mikrowelle**

Zwischendurch genießen – aber lecker

Ob Gemüsesticks mit Dip oder Putencurry Indische Art – leichte und schnelle Gerichte müssen nicht langweilig sein, sondern können Gesundheit und Genuss miteinander verbinden. Das Dr. Oetker Schulkochbuch wird wie immer den veränderten Ernährungsgewohnheiten der Menschen gerecht und um viele Rezepte für kleine Zwischenmahlzeiten erweitert. Eines davon sind gerollte und fein gewürzte „Lachs-Wraps":

„Je 1 rote und gelbe Paprikaschote halbieren, entstielen, entkernen und die weißen Scheidewände entfernen. Schoten waschen, abtropfen lassen und in Streifen schneiden. 250 g Rucola verlesen, dicke Stängel abschneiden. Rucola waschen und trocken schleudern, 1 Kästchen Kresse abspülen, schneiden und trocken tupfen. 8 Weizentortillas nach Packungsanleitung im Backofen oder nacheinander in einer Pfanne ohne Fett beidseitig kurz erwärmen. Für die Sauce 2 Becher Crème fraîche mit 2–3 EL Sahnemeerrettich verrühren, mit Salz, Pfeffer und Zucker würzen. Die Tortillas mit der Hälfte der Sauce bestreichen, Rucola und Kresse darauf verteilen. Je 1–2 Lachsscheiben (insgesamt 250 g) darauflegen, die Paprikastreifen darüberstreuen und die restliche Sauce darauf verteilen. Die Tortillas fest aufrollen, halbieren und sofort servieren."

Lachs-Wraps

EINFACH (8 STÜCK)

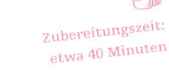

Zubereitungszeit:
etwa 40 Minuten

je 1 rote und gelbe
Paprikaschote (je etwa 200 g)
250 g Rucola (Rauke)
1 Kästchen Kresse
8 Weizentortillas

Für die Sauce:

2 Becher (je 150 g)
Crème fraîche
2–3 EL Sahnemeerrettich
(aus dem Glas)
Salz
frisch gemahlener Pfeffer
Zucker

250 g Räucherlachs
in Scheiben

Pro Stück:

E: 12 g, F: 16 g, Kh: 27 g,
kJ: 1268, kcal: 304, BE: 2,0

1 Paprikaschoten halbieren, entstielen, entkernen und die weißen Scheidewände entfernen. Schoten waschen, abtropfen lassen und in Streifen schneiden. Rucola verlesen, dicke Stängel abschneiden, Rucola waschen und trocken schleudern. Kresse abspülen, abschneiden und trocken tupfen.

2 Tortillas nach Packungsanleitung im Backofen oder nacheinander in einer Pfanne ohne Fett beidseitig kurz erwärmen.

3 Für die Sauce Crème fraîche mit Meerrettich verrühren, mit Salz, Pfeffer und Zucker würzen. Die Tortillas mit der Hälfte der Sauce bestreichen, Rucola und Kresse darauf verteilen. Je 1–2 Lachsscheiben darauflegen, die Paprikastreifen darüberstreuen und die restliche Sauce darauf verteilen (Foto 1).

4 Die Tortillas fest aufrollen (Foto 2+3), halbieren und sofort servieren.

Rezeptvariante 1: Für Zucchini-Tunfisch-Wraps 1 Dose Tunfisch im eigenen Saft (Abtropfgewicht 135 g) abtropfen lassen, mit 400 g Doppelrahm-Frischkäse und 100 g Ajvar (Paprikamus) pürieren. Mit Salz, Pfeffer und Cayennepfeffer würzen. 1 kleine vorbereitete Zucchini (etwa 200 g) raspeln. Erwärmte Tortillas mit der Frischkäsecreme bestreichen, mit den Zucchiniraspeln bestreuen. Vorbereitete Blätter von ½ Topf Basilikum darauf verteilen und Wraps wie im Rezept beschrieben zubereiten.

Rezeptvariante 2: Für Pilz-Wraps etwa 250 g Putenbrustfilet unter fließendem kalten Wasser abspülen, trocken tupfen und in Streifen schneiden. 1 vorbereitetes Bund Frühlingszwiebeln in dünne Scheiben schneiden. 200 g vorbereitete Austernpilze oder Champignons in Scheiben schneiden. 4 vorbereitete Tomaten in kleine Würfel schneiden. 1 Esslöffel Olivenöl in einer Pfanne erhitzen, das Fleisch kräftig darin anbraten. Frühlingszwiebeln zufügen. 1 Knoblauchzehe abziehen, durch eine Knoblauchpresse drücken und ebenfalls zufügen. Fleisch mit Salz und Pfeffer würzen, aus der Pfanne nehmen. Wieder 1 Esslöffel Olivenöl in der Pfanne erhitzen, die Pilze darin kräftig anbraten, mit Salz und Pfeffer würzen. Die Tortillas mit 1 Becher (150 g) Crème légère bestreichen. Fleischmischung, Pilze, Tomaten und 1 Kästchen vorbereitete Kresse darauf verteilen. Wraps wie im Rezept beschrieben zubereiten.

Rezeptvariante 3: Für Curry-Wraps 1 Dose Ananasstücke (Abtropfgewicht 340 g) abtropfen lassen. 1 kleines Bund Koriander vorbereiten, die Blättchen von den Stängeln zupfen. 1 Becher (150 g) Crème fraîche mit 50 g Mango-Chutney verrühren, mit 1 gestrichenen Teelöffel Currypulver, Salz und Pfeffer würzen. Die Tortillas damit bestreichen. Je 1 vorbereitetes großes Salatblatt auf die Tortillas geben, Koriander, Ananas und 100 g Sprossen, z. B. Mungobohnen- oder Sojasprossen darauf verteilen und wie im Rezept beschrieben zubereiten.

Umwelthinweis	Dieses Buch und der Einband wurden auf chlorfrei gebleichtem Papier gedruckt. Die Einschrumpffolie – zum Schutz vor Verschmutzung – ist aus umweltfreundlichem und recyclingfähigem PE-Material.

Herausgeber Dr. Oetker Verlag KG, Bielefeld
Text Klaus Schäfer, Bonn

Fotografie akg-images gmbh, Berlin (S. 29, 33, 34, 35, 36, 37, 39, 44, 45, 47, 48, 49, 50, 51, 52, 54, 59, 60, 61, 62, 64, 70, 84, 124)
Bosch Hausgeräte, München (S. 112)
bpk | Bayerische Staatsbibliothek | Archiv Heinrich Hoffmann (S. 38)
Coca-Cola Deutschland, Berlin (S. 21)
Corbis GmbH, Düsseldorf (S. 6, 92, 107)
Deutscher Olympischer SportBund, Frankfurt (S. 87)
Diercks, Thomas, Hamburg (S. 57)
dpa Picture-Alliance GmbH, Frankfurt am Main (S. 8, 9, 10, 11, 12, 13, 20, 22, 23, 24, 26, 27, 34, 37, 46, 47, 51, 58, 63, 68, 70, 71, 72, 73, 76, 80, 83, 85, 86, 87, 88, 95, 96, 97, 98, 99, 100, 107, 108, 109, 110, 116, 118, 119, 120, 121, 122, 123)
Ehlert, Max/Der Spiegel (S. 63)
Firmengruppe Waldner, Wangen im Allgäu (S. 61)
Fotofinder GmbH, Berlin (S. 22, 32, 82, 94, 96)
Fotolia LLC, New York (S. 42, 53, 85, 106)
Getty Images, München (S. 25, 26, 56, 75, 83, 98, 104, 107, 112, 125)
Haribo GmbH & Co. KG, Bonn (S. 29)
Historische Sammlung Dr. Oetker, Bielefeld (S. 9, 13, 16, 17, 18, 21, 28, 31, 33, 40, 41, 42, 45, 55, 57, 65, 66, 69, 74, 77, 79, 81, 89, 91, 93, 101, 102, 105, 113, 115, 117, 127)
kontur:design GmbH, Bielefeld (S. 15, 121, 125)
Leica Camera AG, Solms (S. 10)
StockFood GmbH, München (S. 14, 18, 31, 54, 66, 69, 75, 79, 88, 91, 93, 103, 105, 111, 114, 117, 122, 127)

Grafisches Konzept kontur:design GmbH, Bielefeld
Gestaltung kontur:design GmbH, Bielefeld
Titelgestaltung kontur:design GmbH, Bielefeld

Reproduktion kontur:design GmbH, Bielefeld
Druck und Bindung Mohn media Mohndruck GmbH, Gütersloh
Copyright © 2011 by Dr. Oetker Verlag KG, Bielefeld
ISBN 978-3-7670-0656-0